논술이 **빵** 터지는
초등 어휘
① 아 다르고 어 다른
우리말

논술이 빵 터지는 초등 어휘
① 아다르고 어다른 우리말

1판 1쇄 2012년 9월 28일

지은이 sam기획(글 곽지순 그림 정현희)
펴낸이 정연금 펴낸곳 멘토르
책임편집 이수정 기획 김미숙, 문진주
마케팅 이운섭, 나길훈 경영지원 안정배, 설윤숙, 박은정
등록 2004년 12월 30일 제302-2004-00081호
주소 서울시 마포구 동교동 198-5 신흥빌딩 3층
전화 02-706-0911 팩스 02-706-0913
홈페이지 www.mentorbook.co.kr
트위터 @mentorbook
ISBN 978-89-6305-581-7 13710

논술이 **빵** 터지는
초등 어휘

sam기획(곽지순 지음 | 정현희 그림)

① 아 다르고 어 다른
우리말

논술이 빵 터지는 초등 시리즈는 노란우산이 만드는 초등학습서입니다.

머리말

우리말, 정확한 표기와 띄어쓰기가 매우 중요해요

말과 글은 우리들이 다른 사람들과 생각을 주고받기 위해 사용하는 중요한 도구입니다. 말은 상대방과 서로 마주하는 상황에서 대화를 통해 이루어지기 때문에 서로 생각을 주고받는데 큰 어려움이 없습니다. 그러나 글은 말과 달리 쓰여 있는 글만으로 내용을 이해해야 하기 때문에 정확한 표기와 띄어쓰기가 매우 중요합니다. 이 때문에 글은 '표준어'와 '맞춤법'을 통해 말을 글로 쓸 때 모든 사람이 글자를 바르게 쓸 수 있도록 규칙을 정하고 있습니다.

예를 들어, 잘 때 머리에 베고 자는 물건을 지칭할 때 사람들은 '베게', '벼개', '비개', '비계', '보게' 등 다양한 표현으로 말을 주고받습니다. 그러나 글로 쓸 때에는 같은 물건에 대해 이처럼 다양하게 쓰다 보면 정확한 의미를 주고받기 어렵습니다. 이 때문에 글에서는 사람들이 동일한 물건을 정확하게 표현할 수 있도록 '베게' 만을 표준어로 인정하여 쓰도록 하고 있습니다.

부정확한 어휘 사용은 논술에서 감점 요인이 되지요

정확한 말과 글이야말로 나의 생각을 분명히 나타낼 수 있기에 정확히 구별하여 쓸 수 있어야 합니다. 특히, 지금처럼 논술이 강조되고 있는 시점에서 정확한 표현은 더욱 강조될 수밖에 없습니다. 논술은 어떤 문제에 대한 자기의 의견을 글로 나타내는 것을 뜻합니다. 논술에서 내용, 형식도 중요하지만 실제 중요한 감점 요인이 되는 것은 얼마나 정확한 어휘를 사용하였느냐에 달려 있다고 합니다. 또한, 중요한 생각에 대한 잘못된 표기는 자칫 내 생각에 대한 왜곡을 가져올 수도 있습니다.

정확한 우리말 사용, 누구에게나 중요해요

말은 습관이기 때문에 정확한 우리말을 사용하는 것은 누구에게나 매우 중요합니다. 하지만 다양하게 쓰이는 입말과 달리 글은 표준어나 맞춤법에 따라 정확한 표현만을 인정하다 보니 어린이들 뿐 아니라 어른들조차 어떤 말이 정확한 표현인지 헛갈리는 경우가 많습니다. 예를 들어, 엄마가 매일 그릇을 닦는 일은 '설겆이'라고 써야 하는지 '설거지'라고 써야 하는지 아직도 많은 사람들이 헛갈려 합니다.

이처럼 알쏭달쏭 헛갈리는 우리말에는 '절이다'와 '저리다'처럼 발음은 같지만 뜻이 다른 말도 있고, '가르치다'와 '가리키다'처럼 발음과 뜻이 엄연히 다른데 혼동되어 쓰이는 말도 있습니다. 또한 '저희 나라', '축하드립니다'처럼 잘못된 말인데도 버젓이 쓰이는 말들도 있으며 '초코렛', '초컬릿'처럼 외래어이기 때문에 글로 쓸 때 헛갈리는 말들도 있습니다.

정확한 우리말, 재미있게 배워요

이 책은 어린이뿐 아니라 어른들도 평소에 잘못 알고 있거나 헛갈려 했던 낱말들에 대해 정확한 표현을 재미있게 익힐 수 있도록 돕기 위해 만들어진 학습만화입니다. 이 책을 효과적으로 사용하려면 먼저 목차를 보고 내 생각을 표시해 본 후 학습만화를 통해 정확한 표현을 재미있게 익히면서 오른쪽 하단에 있는 설명과 '풀어 보세요'를 통해 복습까지 하면 좋습니다.

요즘은 인터넷의 발달로 인해 우리의 소중한 한글이 맞춤법과 표준어를 무시하고 마구 쓰이고 있다는 안타까운 이야기들을 많이 접합니다. 이러한 상황에서 아무쪼록 많은 어린이들과 어린이를 가르쳐야 하는 부모님들이 이 책을 통해 우리의 말과 글을 올바르게 사용하는데 조금이나마 도움이 될 수 있기를 바랍니다.

곽지순

목차

목차를 보면서 맞다고 생각되는
낱말에 표시를 한 뒤, 책을 다 보고 나서
서로 비교해 보세요. 부모님이나 친구들과
함께하면 더 재미있어요!

찾아보기

새끼를 '배고 있다'일까? '베고 있다'일까?

4학년

봉구야, 너희 집에 강아지 키운다며? 어때?

어, 강아지는 아니고 두살도 더 된 개인데, 귀여워, 아주!

그동안은 개를 엄청 싫어했었거든. 그런데 이번에 집에서 개를 기르면서 그런 생각을 했던 것이 후회가 될 정도라니깐.

어찌나 영리하고 애교스러운지 발 달라고 하면 앞발을 내밀고, 내가 기분이 안좋아 보이면 꼬리치고….

게다가 요번에 새끼를 배었어. 어찌나 기쁘던지!

엥!

어, 내 말을 잘못 이해했구나. 너희가 생각하는 그런 **베다**가 아니고 새끼를 **배고** 있다고. 이제 잘 알아들었지?

'배다'와 '베다'는 발음이 비슷해 혼동하여 쓰는 사람이 많지만 두 낱말의 뜻에는 차이가 있습니다. 먼저 '배다'는 '스며들다, 새끼나 아이를 가지다, 습관이 되다'라는 뜻을 가진 낱말입니다. 반면 '베다'는 '날카로운 것으로 상처를 내거나 자르다, 누울 때 머리를 받치다'라는 뜻을 가진 낱말로, 이 두 낱말은 구분해서 써야 합니다. 따라서 '새끼를 배고 있다'라고 써야 맞습니다.

풀어 보세요

① 실수로 칼에 손가락을 살짝 (배었다/베었다).
② 새끼를 (밴/벤) 소가 풀밭에서 풀을 뜯고 있다.

정답 ① 베었다 ② 밴

돌잔치를 '치루다' 일까?
'치르다' 일까?

6학년

다녀왔습니다.

어? 솔비 왔네.

어, 그래. 우리 한얼이 왔니?

엄마 앞으로 우편물이 와서 가지고 왔어요. 한번 보세요.

그래? 어디 한번 보자.

'잔치를 치뤘다'와 '잔치를 치렀다', '물건 값을 치루다'와 '물건 값을 치르다'와 같이 '어떠한 일을 겪다, 주어야 할 돈을 지불하다'라는 뜻으로 '치루다'와 '치르다'가 혼용되어 사용되는 경우가 많습니다. 그러나 국어사전에서는 '치르다'만을 인정하고 '치루다'는 잘못된 표기로 설명하고 있습니다. 따라서 '치르고, 치렀다' 등과 같이 '치르다'의 활용형에 맞게 사용해야 합니다.

🖊 **풀어 보세요**

① 승윤이는 주인에게 옷값을 (치르고/치루고) 밖으로 나갔다.

② 어제 도윤이의 돌잔치를 (치렀다/치뤘다).

다렀치 ② 고르치 ① **답장**

15

잠자리에 필요한 것은 '베개'?
'벼개'? '비개'? '비계'?

자, 그럼 문제. 나는 누구일까요?

…

나는 눈이 세 개이고 다리는 하나입니다. 누구일까요? 카드를 찾아 제 이름을 정확하게 말해 주세요.

찾았다! 찾았어! 정답은….

신호등입니다!

딩동댕! 정답!

와!

자, 그럼 다음 문제. 나는 누구일까요? 나는 잠잘 때 씁니다. 머리를 받치고 있습니다. 나는 누구일까요?

카드를 찾아서 제 이름을 정확히 말해주세요.

찾았다! 그, 그런데 이름이…

솔비가 정확한 이름을 몰라서 그러는 구나.

벼개, 비개, 비계 등 여러 가지 말로 쓰이고 있지만 정확한 이름은 베개야. 이제 알겠지?

근데, 오빠! 난 잠잘 때 베개 베고 자지 않아.

그래? 그럼 뭘 베고 자는데?

우리 엄마 엉덩이.

'잠을 자거나 누울 때에 머리를 괴는 물건'을 가리키는 말은 '베개'인데, 사람들은 '베개', '비개', '비계', '벼개' 등의 말을 혼용하고 있습니다. 국어사전을 찾아보면 '벼개'는 아주 예전에 사용했던 베개의 옛말이며, '비개'는 강원도, 경상도, 전라남도, 충청도 지방에서 사용하는 베개의 방언이고, '비계'는 '돼지 등 짐승의 기름 조각'으로 밝히고 있습니다.

풀어 보세요

① 속상했던 희수는 (베개/벼개/비개/비계)에 머리를 파묻고 울었다.

② 돼지고기는 (베개/벼개/비개/비계)가 있어야 제맛이다.

정답 ① 베개 ② 비계

'한눈에 알아보다'일까?
'한 눈에 알아보다'일까?

2학년

수련 일주일 만에 무예를 깨치다니, 정말 장하다!

역시 내가 한 눈에 알아본 인재답다. 이제 졸업장을 써주는 일만 남았구나. 기특한지고.

잠깐 기다려 보거라. 금방 써줄 테니까.

예.

우리말은 띄어쓰기에 따라 뜻이 달라지는 경우가 있습니다. 이러한 예가 바로 '한 눈'과 '한눈'입니다. '한 눈'과 같이 띄어 쓰면 그야말로 '하나의 눈, 한쪽 눈'이라는 뜻이 됩니다. 그러나 '한눈'과 같이 붙여 쓰면 전혀 다른 뜻을 가진 하나의 낱말로 '한 번 봄, 한꺼번에, 잠을 자려고 잠깐 붙이는 눈, 딴데를 보는 눈'의 뜻을 갖게 됩니다. 따라서 '한눈에 알아보다'가 맞습니다.

풀어 보세요

① 그는 (한 눈/한눈)에 안대를 하고 있었다.

② 산에 올라보니 마을이 (한 눈/한눈)에 보였다.

곡귱 ② 곡 귱 ① 月요

05

'만썽쟁이'일까? '만썽장이'일까?

2학년

솔비야, 오빠가 근사한 노래 하나 만들었거든. 따라 부르면 공부도 할 수 있는 노래야.

'뽀뽀뽀' 노래에 맞춰 부르면 더 재미있어. 한번 들어볼래?

어? 정말? 나 '뽀뽀뽀' 노래 아니까 한번 불러줘 봐.

엄마는 우리 집의 수다쟁이.

하루 종일 수다 떨다 끝나지.

어쩌고~ 저쩌고~

수다 수다

아빠는 우리 집의 밴댕이.

흥! 삐침!

큭큭큭! 웃긴다, 웃겨!

…

'말썽을 잘 일으키는 사람'의 의미로 맞춤법에 맞는 낱말은 '말썽쟁이'입니다. 간혹 '말썽장이'라고 잘 못 쓰이기도 하는데, '~장이'는 다른 낱말에 붙어 어떤 기술을 갖춘 사람을 뜻할 때 사용하는 말입니다. 대개 '옹기장이, 간판장이, 미장이'처럼 사용됩니다. 반면 '~쟁이'는 어떤 속성이나 성질을 가진 사람을 뜻할 때 쓰는 말로, '수다쟁이, 떼쟁이, 개구쟁이'와 같이 사용합니다.

풀어 보세요

① 구멍 난 솥은 (땜쟁이/땜장이)에게 가서 때워야지.

② 내 동생은 양보할 줄 모르는 (욕심쟁이/욕심장이) 같다.

이쟁심욕 ② 이장땜 ① **답정**

06

화장실 수를 '늘이다'일까? '늘리다'일까?

4학년

엄마, 저 화장실 좀 다녀올게요.

으아아! 싸겠어!

바글 바글

!

으윽, 말만 해도 오줌이 나올 것 같아. 후~ 후웁~~ 참아야 해! 참아야 해!

'늘이다'는 '엿을 늘이다'와 같이 있는 것 그대로를 본디보다 길게 할 때 쓰입니다. 반면 '늘리다'는 '수나 부피를 많아지게 하거나 커지게 하다'의 뜻으로, '사람 수를 늘리다'와 같이 쓰입니다. 예를 들어, '고무줄을 늘인다'고 하면 하나의 고무줄을 길게 한다의 뜻이고 '고무줄을 늘린다'고 하면 고무줄의 수를 많게 한다는 뜻입니다.

풀어 보세요

① 부모님께 용돈 좀 (늘여/늘려)달라고 해야겠다.
② 엿은 길게 (늘여서/늘려서) 먹는 게 맛있다.

정답 ① 늘려 ② 늘여서

23

'독수리 입'일까?
'독수리 부리'일까?

애야, 밥 가져왔다.
어서 먹으렴.

…

'입'은 '음식이나 먹이를 섭취하며 소리를 내는 기관'이나 '입술'을 뜻하는 낱말입니다. 반면 '새나 일부 짐승의 주둥이로, 길고 뾰족하며 뿔과 같이 딱딱한 재질로 되어 있는 것' 또는 '어떤 물건의 끝이 뾰족하거나 병에서 비어있는 쪽의 부분'의 뜻으로는 '부리'를 사용하고 있습니다. 사람의 입을 얕잡아 부를 때 '부리'라는 말을 쓸 수도 있지만, 사람은 '입'으로, 새는 '부리'로 쓰는 것이 알맞은 표현입니다.

풀어 보세요

① 참새의 (입/부리)은/는 뭉툭하게 생겼다.

② 딱따구리의 (입/부리)은/는 나무에 구멍을 낼 수 있을 만큼 단단하다.

정답 ① 부리 ② 부리

오늘은 '왠지' 기분이 좋다?
'웬지' 기분이 좋다?

4학년

다, 다녀왔습니다.

아이고, 축구하고 왔더니 더워 죽겠네.

휴~ 더워, 더워.

이야, 엄마가 웬일로 요구르트를 이렇게 많이 만들어 놓으셨지? 케헤~ 맛있겠다!

어디 뭐 마실 것 좀 없나?

'왠지'와 '웬지'는 발음의 구분이 모호하기 때문에 혼동하여 사용하고 있는 대표적인 낱말입니다. 먼저 '왠지'는 '왜인지'를 줄여 쓴 말로, '왜 그런지 모르게, 뚜렷한 이유도 없이'의 뜻을 갖는 말입니다. 반면 '웬'은 '어찌된, 어떠한'의 뜻을 갖는 다른 말입니다. 따라서 '왜 그런지 모르게'의 뜻으로 사용되었다면 '왠지'가 맞는 표현이 됩니다.

풀어 보세요

① 나는 빌딩 위에 서서 아래를 내려다보면 (왠지/웬지) 가슴이 뛴다.
② 네가 (왠일/웬일)로 이렇게 늦었니?

정답 ① 왠지 ② 웬일

27

기분이 '아주' 좋아일까?
'너무' 좋아일까?

6학년

예, 오늘은 나예뻐씨의

어, 아빠가 좋아하는…

소식을 전해드리겠습니다.

아빠, TV 연예 소식에 나예뻐 아줌마 나와요.

그러냐?

안녕하세요. '불친절한 여인'으로 다시 찾아뵙네요. 나예뻐입니다. 호호호. 반갑습니다.

누님도 안녕!

너무 반가워요!

반갑습니다. 그동안 근황은?

놀다, 먹다,

자다…. 호호!

우리가 말을 주고받을 때 '너무 잘 생겼다, 너무 재미있다, 너무 멋지다'처럼 '너무'를 많이 쓰고 있습니다. 그러나 '너무'는 '정도에 지나치게'라는 뜻을 가지고 있는 낱말로 '너무 배고프다, 너무 힘들다, 너무 아프다'와 같이 뒤에 오는 말이 나에게 부정적인 영향을 미칠 때 쓰이는 말입니다. 따라서 뒤에 오는 말이 부정적인 경우가 아니라면 '너무' 대신 '정말, 아주, 참'을 넣어 말하는 것이 좋습니다.

풀어 보세요

① 며칠 동안 밥을 제대로 못 먹었더니 (아주/너무) 힘들다.

② 저 남자 배우는 (아주/너무) 잘 생긴 것 같아.

정답 ① 너무 ② 아주

10

방이 '넓다랗다'일까?
'널따랗다'일까?

널따~

5학년

e-런 아파트
모델 하우스

어? 아파트 모델 하우스네.

오! 저 아파트 모델 하우스가 정말 좋다고 소문이 자자하던데 한번 들어가서 구경이나 해볼까?

어서 오세요!

어머나, 넓다!

오호호호~

와아! 정말 널따랗다.

'넓다'라는 낱말을 의식해서인지 '넓다랗다'를 쓰는 사람들이 많습니다. 그러나 맞춤법에 맞는 표현은 '널따랗다'입니다. 이는 '넓다'의 실제 발음이 [널따]로 발음된다는 것을 고려하여 '널따랗다'를 표준어로 인정한 것입니다. 반면 겹받침의 발음 방법이 다른 '굵다[국따]'의 경우에는 '굵다랗다'로 적도록 하고 있습니다.

✏️ **풀어 보세요**

① 집은 (넓다란/널따란) 것이 좋다.

② (넓다란/널따란) 아빠의 품은 언제나 포근하다.

① 널따란 ② 널따란

31

11

저절로 문이 '닫히다'일까? '닫치다'일까?

5학년

도대체 넌 애가 어떻게 된 거니?

매일 사고만 치고! 공부는 안 하고! 정신이 있어, 없어?

엄마는 왜 매일 나한테만 저렇게 잔소리를 퍼부으신담? 내가 뭘 그렇게 잘못했다고….

어쩌고, 저쩌고, 중얼, 중얼….

지겨워! 지겨워! 저 잔소리!

오늘은 반드시 엄마에게 내가 화가 많이 났다는 것을 보여줄 거야! 나도 반항 한번 해보지 뭐!

두 낱말은 발음과 뜻이 비슷하여 잘못 쓰기 쉬운 낱말입니다. 그러나 '닫치다'는 '닫다'에 강세의 뜻을 나타내는 '치'가 붙어 '열린 문짝이나 서랍 등을 세게 닫다, 힘을 주어 닫다'라는 뜻을 가진 낱말입니다. 반면 '닫히다'는 '닫다'에 피동의 뜻을 나타내는 '히'가 붙어 만들어진 낱말로, '열린 문이나 서랍 등이 원래 위치에 놓이게 되다 또는 닫아지다'라는 뜻을 갖게 된 낱말입니다.

풀어 보세요

① 꽉 (닫친/닫힌) 성문을 열기 위해 대포를 쐈다.

② 바람 때문에 문이 (닫혀/닫쳐) 버렸다.

정답 ① 닫힌 ② 닫혀

12

아기를 '낳다'일까?
'낫다'일까?

5학년

엄마, 정말 궁금한 게 있어.
아기가 엄마의 배에 들어가
있는 것도 그렇고, 아기가
나오면 저 뚱뚱해진 배는
어떻게 되는 걸까?

걱정 마, 아기를 낳으면
자연히 배가 들어가니까.
엄마도 솔비를 낳고 이렇게
배가 쏙 들어갔잖니.
호호호호!

흠… 흔적은
조금 남았지만
말이야.

이제 그만
엄마 뱃살 좀
놔줄래?

와아! 시식 코너다!

천천히 가, 넘어질라.

저… 소, 솔비야?

아줌마, 걱정 마세요. 그 배는 아기를 낳으면 금방 들어갈 거예요. 흔적은 조금 남겠지만 말이에요.

난 아가씨야! 결혼 안 한 아가씨…

'낳다'와 '낫다'는 발음이 같아서 잘못 쓰기쉬우나 전혀 다른 뜻의 낱말입니다. 먼저 '낳다'는 '아이, 새끼나 알을 몸 밖으로 내놓다'의 뜻으로, '알을 낳다, 아이를 낳다'와 같이 쓰입니다. 반면 '낫다'는 '아픈 게 낫다, 병이 낫다'처럼 '몸의 이상이 없어지다'라는 뜻과 '이것이 더 낫다, 이 신발이 나으니 이 걸 사도록 하자'와 같이 '좋은 것이 더 하다'라는 뜻으로 쓰입니다.

풀어 보세요

① 감기가 다 (낳아서/나아서) 다행이야.

② 어제 우리 소가 송아지를 (낳았다/나았다).

정답 ① 나아서 ② 낳았다

편지는 '붙이는' 걸까?
'부치는' 걸까?

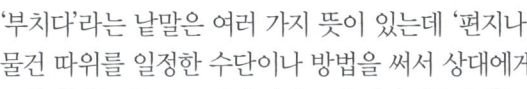

'부치다'라는 낱말은 여러 가지 뜻이 있는데 '편지나 물건 따위를 일정한 수단이나 방법을 써서 상대에게 보내다'라는 뜻으로 사용되기도 합니다. '붙이다'는 '주가 되는 어떤 것에 달리게 되거나 더해진다'는 의미로 사용되는 낱말입니다. 따라서 '우표는 붙이고 편지는 부친다'와 같이 사용해야 합니다.

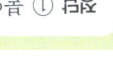 **풀어 보세요**

① 봉투에 우표를 (붙여/부쳐) 놓으렴.

② 지금 편지를 (붙였다/부쳤다).

정답 ① 붙여 ② 부쳤다

37

다리는 '굵은' 걸까? '두꺼운' 걸까?

2학년

…

…

어머, 넌 어쩜 그렇게 다리가 얇니?

…

아냐, 이게 뭐가 얇아? 아니야.

휴, 난 다리가 두꺼워서 자신 있게 미니스커트를 입어 보는 게 소원이야.

틀린 표현을 쓰는데….

말해 줄까? 말까? 어떻게 하지?

에잇! 모르겠다 말하자!

저… 누나들.

뭐라고?

누, 누나?

크헉~!

저, 실례지만 누나들 말씀에 이의를 제기하려고요.

그래, 어서 해봐! 귀여운 녀석!

꺅! 또 누나래!

저기 누나들이 하는 표현은 잘못된 것이에요. 두껍다와 얇다는 책이나 옷에 쓸 수 있는 표현이에요. 다리는 가늘다 혹은 굵다라고 표현 하는 게 맞아요.

근데, 앤 정말 종이처럼 얇다니까, 진짜야!

꺄악! 진짜잖아!

자, 이것 봐!

'굵다'는 길쭉한 물체의 둘레나 너비를 나타낼 때 쓰는 말로, 반대말은 '가늘다'입니다. 대개 '팔이 굵다/가늘다', '굵은/가는 허리'와 같이 사용됩니다. 반면 '굵다'와 혼동하여 쓰기 쉬운 '두껍다'는 '얇다'의 반대말로, 양면 사이의 두께를 나타내는 말입니다. 이 낱말은 대개 '책이 두껍다/얇다, 옷을 두껍게/얇게 입었다'와 같이 사용합니다.

풀어 보세요

① 산을 많이 오르내렸더니 다리가 (두꺼워져서/굵어져서) 고민이다.

② 이렇게 (굵은/두꺼운) 책은 처음 본다.

정답 ① 굵어져서 ② 두꺼운

15

'조개껍질'일까?
'조개껍데기'일까?

오랜만에 낚시 오니까 참 좋다.

조용하고 한적해 참 좋아요.

라라라 라라라 아아아아 아~

근데 왜이리 시끄러워?

으악!

자기를 위해서 준비한 노래야. 잘 들어줘.

와우!

조개껍질 묶어 그녀의 목에 걸고 창가에 마주 앉아 밤새 속삭이네.

싸랑해!

아우, 몰라, 몰라, 몰라. 잉~

'껍질'과 '껍데기'는 뜻이 다른 말입니다. 먼저 '껍질'의 뜻은 '물체의 겉을 싸고 있는 딱딱하지 않은 켜'를 가리키는 것으로, 대개 '바나나 껍질, 사과 껍질' 등과 같이 쓰입니다. 반면 '껍데기'의 뜻은 '호두, 달걀, 조개 등의 속을 감싸고 있는 단단한 물질'로 '소라 껍데기, 달걀 껍데기'와 같이 쓰입니다. 그러므로 조개의 경우에는 '껍데기'라고 쓰는 것이 정확한 표현입니다.

✏️ **풀어 보세요**

① 귤 (껍질/껍데기)을/를 벗기다.

② 달걀 (껍질/껍데기)은/는 딱딱하다.

정답 ① 껍질 ② 껍데기

41

16

원작과 '틀린' 걸까? '다른' 걸까?

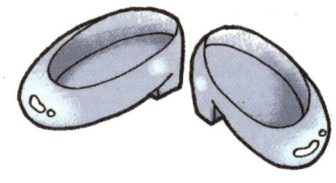

2학년

오, 나의 사랑스런 공주 신데렐라여! 당신은 지금 어디에 있는 거요?

...

안되겠다. 내가 직접 신데렐라를 찾아 나서야겠어. 반드시 찾고 말겠어!

땡!

달라!

달라!

발 모양이 다르잖아!

깨지겠어!

달라!

드디어 마지막 집이야. 왠지 여기에 그녀가 있을 것 같아.

'다르다'와 '틀리다'는 뜻이 다른 말입니다. '다르다'는 '서로 같지 않다'는 뜻을 가진 낱말로 반대말은 '같다'입니다. 반면 '틀리다'는 '계산이나 일 등이 어긋나거나 맞지 않다'는 뜻을 가진 낱말로 반대말은 '맞다'입니다. 그런데 '다르다'를 써야 할 경우에 '틀리다'를 쓰는 경우가 많습니다. 어떤 말을 써야 할 지 헷갈릴 경우에는 각각의 반대말을 적용해 보면 쉽게 구분할 수 있습니다.

풀어 보세요

① 너와 내가 산 신발은 모양이 서로 (틀리다/다르다).

② 나는 3번 답을 (틀리게/다르게) 써서 95점을 맞았어.

정답 ① 다르다 ② 틀리게

43

장차 이루고 싶은 것은 '바람'일까? '바램'일까?

흔히 '네가 잘 되길 바래', '나의 바램이 있다면'과 같이 '어떤 일이 이루어지기를 기다리는 마음'을 가리켜 '바램'을 쓰는 경우가 많습니다. 그러나 어떤 일이 이루어지길 바라는 마음을 가리키는 바른 표현은 '바람'이며, 문장의 끝에서 '서술어'로 사용할 때에는 '바라다'로 쓰입니다. 반면 '바램' 또는 '바래다'라는 낱말의 원래 뜻은 '색이 변하다'라는 의미로 '햇볕에 옷의 색이 바래다'와 같이 사용해야 합니다.

풀어 보세요

① 우리 모두의 (바램/바람)은 통일이지.

② 네가 이번 시험을 잘 보길 (바랜다/바란다).

정답 ① 바람 ② 바란다

18

설거지는 그릇을 '부시는' 걸까? '부수는' 걸까?

6학년

바빠. 바빠.

한얼아, 엄마 빨래 널어야 하니까 그릇 좀 부셔 줄래? 부시기만 하면 돼.

싫어요. 조금 있으면 만화 한다고요.

그냥 할래, 맞고 할래? 선택해.

해요!

궁시렁. 궁시렁.

바쁘다.

바빠.

'부시다'는 대개 '햇빛 때문에 눈이 부시다'와 같이 쓰이지만, '그릇 같은 것을 깨끗이 씻다'라는 뜻으로도 사용됩니다. 반면 '부수다'는 '여러 조각이 나게 두드려 깨뜨리다'의 뜻으로 사용되는 전혀 다른 낱말입니다. 따라서 어머니께서 설거지를 하실 때에 그릇 부시는 것을 도와 달라고 말씀하시면 그릇을 깨뜨려 달라는 뜻이 아니라 깨끗이 닦아 달라는 뜻입니다.

풀어 보세요

① 이걸 (부수고/부시고) 다시 새로 만들어 보자.

② 컵을 물로 (부시다/부수다).

정답 ① 부수고 ② 부시다

19

뜨거운 것은 '햇빛'일까? '햇볕'일까?

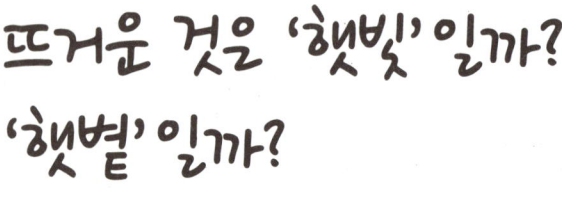

'햇빛'은 '해의 빛'을 뜻하는 말로 '햇빛이 잘 들다, 햇빛을 가리다, 햇빛이 눈부시다' 등과 같이 사용됩니다. 반면, '햇볕'은 '해가 내리쬐는 뜨거운 기운'을 뜻하는 말로 '햇볕이 따스하다, 햇볕에 그을리다, 햇볕을 쬐다' 등과 같이 사용됩니다. 다시 말해 해의 밝고 눈부신 성질을 나타내고자 할 때에는 '햇빛'을 사용해야 하며, 해의 뜨거운 성질을 나타내고자 할 때에는 '햇볕'을 사용해야 합니다.

풀어 보세요

① 어스름한 새벽녘에 (햇빛/햇볕)이 어둠을 밝게 비추기 시작하였다.

② (햇볕/햇빛)이 내리쬐는 뜨거운 날씨에도 아이들이 뛰어놀고 있다.

정답 ① 햇빛 ② 햇볕

20

공을 '잃어버린' 걸까?
'잊어버린' 걸까?

어, 어라? 어떡하지? 공을 잊어버렸나봐. 큰일 났네.

뭐라고? 공이 어떻게 생겼는지 기억이 안나?

공을 잊어버렸다니 내가 공을 보여줄게. 자, 공!

아니, 잃어 버렸다구!

그럼 내가 찾는 거 도와줄게.

샅샅이 다 뒤졌는데 못 찾았어. 헥헥! 이제 어떻게 하면 좋으냐?

곰곰이 생각해 봤는데 내가 집에다 놓고 온 것을 깜빡했나봐…

그때는 어디에 두었는지 잊어버렸다고 해야지. 없어진 줄 알고 찾아다녔잖아.

그렇구나.

생각할수록 화가 나네. 내가 지금까지 무엇을 한 거지?

저 녀석이 말을 잘못해서 이런 고생을 하다니. 정말 열 받아!

앞으로 말 똑바로 해! 이 녀석아!

미안해! 잊었다와 잃었다의 의미가 헷갈려서 그랬어, 미안!

'잊어버리다'는 '어떤 것을 기억해내지 못 하거나 전혀 생각하지 못 한다'는 뜻을 가진 낱말이고, '잃어버리다'는 '가졌던 물건이나 사람, 길 등이 없어져 사라진다'는 뜻을 가진 낱말입니다. 대개 교실에서 숙제를 못 해온 친구들이 '숙제를 깜빡 잃어버리고 못 했어요'와 같이 말하는 경우가 많은데 이는 잘못된 표현으로 '잊어버리고'라고 바꾸어야 올바른 표현이 됩니다.

풀어 보세요

① 지난 번에 여기서 길을 (잃었어요/잊었어요).

② 급한 나머지 가방을 (잊어버리고/잃어버리고) 안 가져왔다.

21

길은 '가르쳐 주다'일까?
'가리켜 주다'일까?

2학년

저 길이
이 길 같고.

이 길이 저
길 같고….

할머니, 왜 그리
두리번 거리세요?

마침 잘 만났다, 얘야.
내가 길을 잘 몰라서
그러는데 215번지로
가는 길 좀 가리켜
줄 수 있겠니?

아, 길을 가리켜
달라고요? 그거라면
간단하죠.

52

여기,
길요!

길을 **가리켜**
달라니까 지금
뭐하는 거냐?

할머니께서 길을
가리켜 달라고
하셨잖아요.
그래서 길을
가리킨 건데
왜 그러세요?

그래? 너, 지금
할머니를 놀리는
게지? 그렇지?

어?

간닷!
닭 치기!

퍽

'가르치다'와 '가리키다'는 뜻이 전혀 다른 낱말입니다. '지식이나 기능 따위를 깨닫거나 익히게 하다'
는 의미로 사용할 때는 '가르치다'를 사용해야 맞습니다. 반면 '가리키다'는 '손가락 따위로 어떤 방향
이나 대상을 집어서 보이거나 알린다'는 뜻으로, '손가락으로 북쪽을 가리켰다'와 같이 방향이나 대
상을 알려줄 때 쓰는 말입니다. 그러므로 '길을 가르쳐 주다'라고 써야 맞는 표현이 됩니다.

풀어 보세요

① 나무꾼은 눈짓으로 사슴이 있는 곳을 (가리켜/가르쳐) 주었다.
② 이 노래는 우리 형이 (가르쳐/가리켜) 주었다.

쳐르가 ② 켜리가 ① 답정

53

22

나의 소질을 '계발'해야 할까? '개발'해야 할까?

5학년

외삼촌, 엄마가 얼른 밥 먹으래.

짜샤! 내가 지금 밥 먹게 생겼냐?

왜? 뭐하고 있는데 그래?

에이, 외삼촌의 **개발**을 위해서 독서 중이시란 말이다.

개발? 외삼촌, 어디다 땅 사고 건물 지었어? 웬 **개발**?

너도 나처럼 책 좀 읽어! 개발이 그런 뜻으로도 쓰이지만 자기 능력 개발이란 뜻으로도 쓰인단다.

케헤~ 외삼촌이야 말로 나처럼 책 좀 읽어. 지금 삼촌이 쓴 말은 완전히 틀렸어.

우선 개발은 물건이나 토지, 천연 자원 등을 개척하여 발전시킨다는 뜻의 낱말이고, 계발은 지능, 정신 등을 깨우쳐 일깨워 준다는 뜻으로 사용된다고. 그러니까 삼촌 말은 틀린 거야.

풋! 그러니까 외삼촌이 놀고 먹는 백수라는 거야.

간닷! 백수킥!

'개발'과 '계발'은 발음과 뜻이 비슷하여 혼용되기 쉬운 말입니다. '개발'은 '국토 개발', '상품 개발'과 같이 '물건, 토지, 천연 자원 등을 개척하여 발전시킴'의 뜻을 가진 낱말로, 무언가를 물리적으로 이루어낸다는 의미로 사용됩니다. 반면 '계발'은 '소질 계발', '외국어 능력 계발'과 같이 '지능, 정신 등을 깨우쳐 일깨워줌'의 뜻으로, 인간의 지적·정신적 능력과 관련 지을 때 사용하여야 합니다.

풀어 보세요

① 너만의 창의력을 (개발/계발)해 보렴.
② 지금 이 땅은 (개발/계발) 중에 있다.

정답 ① 계발 ② 개발

23

얼굴은 까맣게 '그을리는' 걸까? '그슬리는' 걸까?

5학년

와! 웬 고기야? 외삼촌, 알바비 탔어? 맛있겠다.

알바비는 무슨! 광식이가 월급 탔다고 소고기 사왔지롱. 공짜야, 공짜.

잘 지냈니, 한얼아? 반갑다. 녀석 많이 컸구나.

와! 광식이 삼촌! 오랜만이에요.

하하!

열심히 일하시나 봐요. 얼굴도 까맣게 그을리고 근육도 울퉁불퉁하고 멋져요.

...

'그을리다'와 '그슬리다'는 뜻이 다른 낱말입니다. '그을리다'는 '햇볕이나 연기 등을 오래 쬐어 검게 되다'라는 뜻을 가진 낱말로, '햇볕에 얼굴이 그을리다'와 같이 사용됩니다. 반면 '그슬리다'는 '불에 겉만 약간 타게 하다'는 뜻의 낱말로, '촛불에 머리카락이 그슬리다'와 같이 쓰입니다. 따라서 이 경우 '얼굴이 까맣게 그을리다'가 맞는 표현입니다.

풀어 보세요

① 고기를 불에 살짝 (그을려/그슬려) 먹었다.

② 햇볕에 피부를 너무 (그을리지/그슬리지) 마라.

정답 ① 그슬려 ② 그을리지

57

24

다리가 '절이다'일까? '저리다'일까?

4학년

아유, 그렇잖아도 부를 참이었는데….

김치 얻어먹으려고 알아서 일찍 왔지.

그럼, 뭐부터 할까?

배추에 소금 뿌려줘. 잘 절여야 해.

우와! 많기도 하네. 시간 좀 걸리겠어.

그렇게 쪼그리고 앉아 있으면 다리 저려.

'절이다'와 '저리다'는 발음과 모양이 비슷한 낱말이지만 뜻에는 차이가 있습니다. '절이다'는 '소금이나 식초 등으로 절게 하다'의 뜻으로, '배추를 소금에 절이다'와 같이 사용됩니다. 반면 '저리다'는 '살이나 뼈마디가 오래 눌려서 피가 잘 통하지 않아 감각이 둔하게 되다'라는 뜻으로, '다리가 저리다'와 같이 사용됩니다.

✏️ **풀어 보세요**

① 왠지 가슴이 (절여/저려) 온다.

② 오이를 식초에 (절이다/저리다).

정답 ① 저려 ② 절이다

25

정답을 '맞히다'일까? '맞추다'일까?

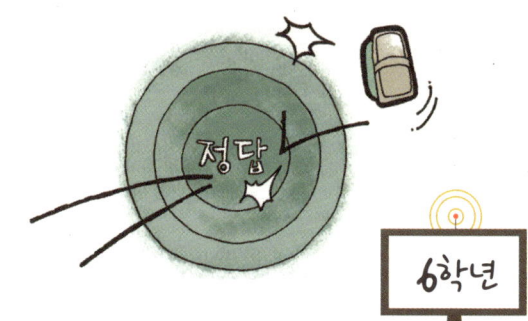

6학년

다음 두 부등호 중에 어느 것이 맞는 걸까? 아는 사람은 손을 들고 맞혀 볼래? 위에 있는 것일까? 아래 있는 것일까?

$18 \div 9 + 5$
$= ?$

$3 \times 1 + 3$
$= ?$

$>$

$<$

곰곰….

곰곰….

엥?

선생님, 저요!

그래, 한얼이! 정답이 뭔지 맞혀 보렴.

예, 그럼 정답을 맞출게요.

정답은 아래쪽에 있는 것입니다. 허이차!

꺅!

퍽

선생님이 정답을 맞혀 보랬지, 누가 맞춰 보라고 했어? 하마터면 선생님 맞을 뻔 했잖아!

아!

그리고 답도 틀렸어. 한얼이 넌 오늘 수학 나머지 공부에 추가로 국어도 나머지 공부하는 줄 알아!

에구, 괜히 아는 척 했다.

'맞히다'와 '맞추다'는 서로 다른 낱말입니다. '맞히다'는 '문제에 대한 답이 틀리지 않게 하다'는 의미로, '정답을 맞히다'와 같이 '맞다'와 관련 지어 사용되는 낱말입니다. 반면 '맞추다'는 '둘 이상의 대상을 놓고 서로 비교하여 살피다'는 뜻을 가진 낱말로, '시험 답안지를 정답과 맞추어 보다', '옷을 맞추다', '조각을 맞추다'와 같이 사용하여야 합니다.

풀어 보세요

① 시험의 정답을 (맞히다/맞추다).
② 시험 답안지를 정답과 (맞히다/맞추다).

정답 ① 맞히다 ② 맞추다

26

'산봉우리'일까? '산봉오리'일까?

두 낱말은 발음이 비슷하여 잘못 쓰이는 경우가 많지만 뜻이 전혀 다릅니다. '봉우리'는 '산봉우리'의 줄임말로, '산에서 뾰족하게 높이 솟은 부분'을 가리키는 말입니다. 반면 '봉오리'는 '꽃봉오리'와 같이 쓰이는데, '망울만 맺히고 아직 피지 않은 꽃'을 뜻하는 낱말입니다. 대개 '산봉우리'를 '산봉오리'라고 잘못 쓰는 사람이 많은데 반드시 구분하여 정확하게 사용하여야 합니다.

풀어 보세요

① 설악산 (봉우리/봉오리)에 구름이 걸려 있다.

② 이 꽃은 이제 막 (봉우리/봉오리)가 맺히려고 한다.

정답 ① 봉우리 ② 봉오리

63

장작을 '반드시' 패야 할까?
'반듯이' 패야 할까?

4학년

콩쥐야!
콩쥐얏!

예,
어머니.

무슨
일이세요?

이걸 보고도 몰라?
왜 여태껏 장작을
패놓지 않은 거야?

잠깐 마실 나갔다 올 테니
그때까지 장작을 반듯이
다 패 놓아라! 알았어?
반듯이 패 놓아야 해!

흑흑…

언제
다 해…

이 놈의 계집애가 다 해놓았나 안 해놓았나 어서 가서 봐야겠다.

뭐야? 그대로잖아?

어머니께서 장작을 반듯이 패라고 하셔서 자를 대고 하느라 많이 할 수 없었어요. 흑흑….

아이고!

콩쥐, 너! 진짜로 저녁 굶고 싶냐? 왜 장작 안 패놨어?

두 낱말은 발음과 형태가 비슷하여 헷갈리기 쉽지만 뜻이 다른 낱말입니다. '반드시'는 '틀림없이, 꼭' 이라는 뜻을 가진 낱말이고, '반듯이'는 '물체, 생각, 행동 등이 비뚤어지거나 기울지 않게'의 뜻을 가 진 낱말로 서로 구별하여 사용해야 합니다. 따라서 이 경우 '아침까지 장작을 반드시 패야 한다'와 같 이 사용하여야 맞는 표현이 됩니다.

풀어 보세요

① 글씨 좀 (반드시/반듯이) 쓰도록 해라.

② (반드시/반듯이) 약속 시간에 맞추어 와야 한다.

정답 ① 반듯이 ② 반드시

28

날이 맑게 '개다'일까? '개이다'일까?

아, 상쾌해!
비 온 뒤의
하늘이란!

아!

후훗! 이럴 때 시를 읽으면 정말 기분이 최고지.
역시 난 문학을 사랑하는 지성인이야.

제목, 하늘. 작자, 미상.
아! 가을이 왔네.
높고 푸르른 하늘과 산.
거기에 주르륵 한 방울
가을 비 내리고 난 후의
푸르른 하늘.

그 맑게 개인 하늘을
바라보고 있노라면…?
개인? 개인은 맞는
표현이 아닌데?

개인이 아니고 갠이라고
써야지. 시인이란 사람이
이런 것도 모르나봐.
이런 건 나도 아는데….

'개다'는 '옷이나 이부자리를 접다', '가루를 물에 섞이게 하다', '우울하거나 흐린 마음 또는 날씨가 좋아지다'라는 뜻으로 쓰이는 낱말입니다. 이 중에서 세 번째 뜻으로 쓰일 때의 '개다'는 흔히 '비가 오더니 날이 개이고 있어', '맑게 개인 하늘'처럼 '개이다'로 쓰이는 경우가 많습니다. 그러나 '개이다'는 잘못된 낱말로, '비가 오더니 날이 개고 있어', '맑게 갠 하늘'이라고 써야 올바른 표현이 됩니다.

풀어 보세요

① 오늘은 맑게 (개인/갠) 하늘을 볼 수 있어 다행이다.

② 비가 오더니 날이 (개이고/개고) 있구나.

정답 ① 갠 ② 개고

29

무청째로 먹는 작은 무는 '알타리무'일까? '총각무'일까?

우리나라에서는 무청째로 먹는 작은 무로 담근 김치를 많이 먹고 있습니다. 그런데 사람들은 이 무를 가리켜 '총각무'라고 부르기도 하고, '알타리무'라고 부르기도 하지요. 실제 시장에 가보면 두 말이 모두 쓰이는 것을 알 수 있습니다. 그러나 국어사전을 찾아보면 '알타리무'는 '총각무'의 잘못 쓰인 말이라고 밝히고 있습니다. 따라서 '총각무', '총각김치'라고 써야 맞는 말이 됩니다.

풀어 보세요

① 여기 (알타리무/총각무) 좀 주세요.

② 나는 김치 중에서 (알타리김치/총각김치)가 가장 맛있다.

정답 ① 총각무 ② 총각김치

오늘은 '몇 일'일까?
'몇일'일까? '며칠'일까?

5학년

곰곰.

이상하다, 이상해.

음.

솔비야, 솔비야!

무슨 생각을 그리 골똘히 하고 있어?

엄마, 궁금한 게 있어. 몇 개, 몇 살, 몇 명… 이렇게 쓰는데 왜 몇 일이라고 안 하고 며칠이라고 하는 거야? 몇 일이라고 해야 하는 거 아냐?

그, 글쎄. 그건, 말이지. 음….

…

엄마가 국어사전 찾아보고 말해 줄게. 호호호!

솔비 쟤는 갑자기 어려운 걸 물어 본다니까. 에구, 당황스러워라.

엄마가 국어사전을 찾아보니까 **몇일**이나 **몇 일**로 적는 경우는 없고, **며칠**이 맞는 말이래. 조금은 이해되지, 그지?

쿠후후후후. 그래? 알았어, 엄마.

그 표정은 뭐니?

내 생일이 **며칠** 안 남았으니 빠른 시간 내에 선물 준비해 주세요, 엄마!

큭!

'몇'은 '그리 많지 않은 얼마의 수'를 뜻하는 꾸며주는 말로 '몇 개, 몇 살, 몇 명' 등과 같이 쓰입니다. 그러다 보니 '그달의 몇째 되는 날 또는 몇 날'을 뜻하는 말이 '몇 일'인지 '몇일'인지 '며칠'인지 헷갈리는 사람이 많습니다. 그러나 국어사전을 찾아보면 이러한 뜻을 가진 낱말은 '며칠'이며 '몇 일'이나 '몇일'로 적는 경우는 없다고 밝히고 있습니다.

풀어 보세요

① 이 일은 (몇 일/몇일/며칠)이나 걸리겠니?

② 방학이 (몇 일/몇일/며칠) 남지 않았다.

정답 ① 며칠 ② 며칠

31

도자기는 '보존'해야 하는 걸까? '보전'해야 하는 걸까?

TV쇼
진품 이냐
명품 이냐 …

보존 상태가 매우 좋은 도자기 입니다. 감정가는 얼마일까요?

감정가가 무려 1억 원입니다! 정말 대단하네요!

우와아!

와, 부럽다. 조상대대로 물려받은 도자기를 잘 보존해서 감정가를 높게 받으면 얼마나 좋을까?

없어, 없어.

혹시 모르지. 증조할아버지 댁에 가면 뭐가 있을지. 허허.

!

우리 집은 물려받은 도자기 없어요?

크흐흐, 증조할아버지 댁이라…

'보전'은 일반적으로 환경이나 생태계 등을 '있는 그대로 온전하게 보호하여 유지함'이란 뜻으로 사용되고, '보존'은 '잘 보호하고 간수하여 남김'이란 뜻으로 사용됩니다. '보전'과 '보존' 모두 '보호하여 잘 간수한다'는 공통적인 뜻을 가지고 있지만, 대개 환경이나 생태계는 '보전'과 어울려 쓰고 유물이나 영토 등은 '보존'과 어울려 쓰는 게 자연스러운 표현입니다.

풀어 보세요

① 지금은 생태계를 (보전/보존)하는 것도 큰 문제이다.

② 우리나라의 유물을 좀더 잘 (보전/보존)할 수 있도록 노력해야 한다.

정답 ① 보전 ② 보존

32

'한창' 좋을 때이다?
'한참' 좋을 때이다?

6학년

…

정말 귀엽네.
아, 저 때가 한창
재미있고 좋을 때지.
헐헐헐!

나도 저런 때가 있었나 몰라.
저런 때가 얼마나 소중한지
이렇게 한참 지나서야
깨닫다니….

아니지, 지금 나도 한창
이라고 믿고 살면 되지.
그래, 그럼 되는 거지.

'한창'과 '한참'은 발음은 비슷하나 뜻은 전혀 다른 낱말입니다. '한창'은 어느 한 때의 상황을 나타내는 말로, '무엇이 가장 활기 있고 왕성하다'는 뜻이며, '한참'은 시간의 흐름이나 경과를 뜻하는 말로, '상당한 시간이 흘렀음'을 뜻하는 말입니다. 따라서 '한창 좋을 때이다'라고 써야 맞는 표현입니다.

풀어 보세요

① 나는 너를 (한창/한참) 기다렸다.

② 지금은 자동차들 때문에 도로가 (한창/한참) 막힐 시간이다.

참샀 ② 참샀 ① **답정**

33

음치는 노래를 '못하다'일까? '못 하다'일까?

4학년

한얼아, 아빠 신문 볼건데 같이 볼래?

예, 좋아요. 지금 갈게요.

음, 어디 보자. 기사가….

아빠, 재미있는 기사 있으면 저에게 좀 읽어주세요.

노래를 못하는 가수, 노래를 못 하게 되다?

못하다? 못 하다?

못하다와 못 하다는 똑같은 뜻 아닌가?

아빠, 궁금한데요. 못하다와 못 하다의 차이가 뭐죠?

거기서 거기인 것 같은데….

띄어쓰기에 따라 그 의미가 다르지. 못을 띄어 쓴 경우는 못 하다, 못 잤다처럼 뒤에 오는 움직임을 부정하는 뜻이고, 못하다처럼 붙여 쓴 경우는 일정한 수준에 못 미친다는 것을 뜻하는 것이란다.

아, 그렇구나!

아빠, 그 기사 읽어 주세요. 어떤 내용인지 궁금해요.

노래를 못하는 음치 가수 콘서트 도중 관객이 던진 물병에 맞아 정말로 노래를 못 하게 되었다.

켁!

'못 하다'와 '못하다'는 모두 쓰이는 말로, 띄어쓰기에 따라 그 의미가 조금 다릅니다. '못'을 띄어서 쓸 경우에 '못'은 '못 먹다, 못 잤다'와 같이 뒤에 오는 움직임을 나타내는 낱말을 부정하는 뜻을 가지고 있습니다. 반면 '못하다'는 하나의 낱말로 '상태가 일정한 수준에 못 미친다'는 것을 뜻하며, '술을 못하다, 형이 동생만 못하다'와 같이 사용됩니다.

풀어 보세요

① 지금은 비가 와서 밖에서 축구를 (못 한다/못한다).
② 배가 고프다 (못 해/못해) 아플 정도다.

정답 ① 못 한다 ② 못해

34

나는 '이빨'을 닦아야 할까? '이'를 닦아야 할까?

2학년

아직까지 TV 보고 있으면 어떡해? 어서 이빨 닦고 자렴, 어서!

와핫! 하하하. 재미있다!

으~.

엄마가 하는 말이 우스운 거야? 얼른 이빨 닦고 자라고 했잖아!

저한테 하신 거예요? 이빨이라 하시기에 우리 집 강아지한테 하신 줄 알았죠.

제가 짐승도 아닌데…. 절 무시하는 게 아니면 이 닦고 얼른 자거라라고 해야 맞는 표현이라고요. 엄마도 참.

잘난 척!

아냐, 맞는 말이야!

예?

왜냐하면 넌 엄마한테는 귀여운 강아지니까…. 안 그래? 우리 강아지!

멍멍!

우리말에는 '이와 이빨', '목과 모가지', '머리와 대가리', '눈과 눈깔', '입과 주둥이'처럼 사람의 신체를 나타낼 때 쓰는 말과 짐승의 몸을 나타낼 때 쓰는 말을 구분하는 낱말들이 있습니다. 동물에게 쓰이는 말을 사람에게 쓰면 무시하는 뜻이 담긴 좋지 않은 표현이 됩니다. 따라서 '이빨' 역시 사람에게 쓸 때는 '이'라고 해야 합니다.

풀어 보세요

① 치과에 가보았더니 내 (이빨/이) 중 두 개나 썩었다고 한다.

② 악어 (이빨/이)은/는 매우 날카롭게 생겼다.

정답 ① 이 ② 이빨

35

'천장'일까?
'천짱'일까?

아오지 냉면

정말 세숫대야 만큼 큰 냉면 그릇이네. 이걸 언제 다 먹어? 엄청 크다!

그러게, 정말 크구나!

저기요, 누나. 천장에서 뭐가 떨어져 제 냉면 그릇에 들어갔어요.

예?

뚝!

죄송하지만, 동무. 고추장, 된장, 간장은 들어봤어도 천장은 무슨 말인지…?

아! 천장은 저 위에 형광등이 달린 곳을 말하는 거예요.

아하! 저기를 천장이라고 합네까?

엄마, 자리 옮기고 냉면도 다시 준대요. 잘….

북한에서는 천정이라고 해서 못 알아들었습네다. 아무튼 자리 옮겨드리고 냉면도 다시 가져다 드리겠습니다.

예, 고맙습니다.

오호호! 남기기 아까워서…. 그래도 다시 주실 거죠?

스스로가 자기를 욕보이는 행위를 비유적으로 나타내는 북한 속담으로 '천정에 침 뱉기'라는 말이 있습니다. 그러나 여기서 말하는 '천정'은 북한말로, 우리말로는 '천장'이라고 써야 맞습니다. 따라서 '방에서 전등을 매다는 방의 윗부분'을 가리키는 말을 넣어 표현할 때에는 '멍하니 천장만 보다', '천장에 매달린 형광등을 바꾸다'와 같이 사용하여야 합니다.

풀어 보세요

① 비가 많이 와서 (천장/천정)에서 물이 샌다.
② 멍하니 (천장/천정)을 보며 한숨만 내쉬었다.

장창 ② 장창 ① 감정

밥이 '작다'일까?
밥이 '적다'일까?

2학년

어, 어, 그래, 그래….
나 밥해야 하니까
내일 통화하자.

저거 어제 못 본
드라마네!

기운센
칠공주

아우, 잘 봤다.
역시 재미있다니까.
쿵쿵쿵! 그, 근데
이건 무슨 냄새지?

어떡해!
밥을 다시
지을 시간이
없는데.

어쩌지,
어쩌지?

일단 먹을 수
있는 밥을
담아보자.

'작다'는 '크다'의 반대말이고, '적다'는 '많다'의 반대말입니다. 그런데 두 낱말의 발음이 비슷하여 혼동하여 쓰는 경우가 많습니다. '길이나 넓이, 키, 소리 등이 보통에 미치지 못 한다'는 뜻으로는 '작다'를 써야 하고, '분량이나 수가 표준에 비해 부족하다'는 뜻으로는 '적다'를 사용해야 합니다. 두 낱말을 쉽게 구분하는 방법은 '크지 않다'의 의미로 '작다'를, '많지 않다'의 의미로 '적다'를 쓰면 됩니다.

풀어 보세요

① 오늘은 밥이 너무 (작다/적다).

② 이 운동화는 나에게 너무 (작다/적다).

정답 ① 적다 ② 작다

37

'김치찌개'일까? '김치찌게'일까?

3학년

이 근처 어디일 텐데…

배고파 죽겠어요! 빨리 뭣 좀 먹어요!

김치찌7

찾았다!

KBC 방송 출연 맛집

고작 김치찌개 때문에…

여기까지 온 거예요? 이런 건 집에서도 먹을 수 있잖아요!

호호호! 가끔은 밖에서 사 먹는 것도 좋지 않아? 그리고 맛집이라잖아.

김치찌개 2인분 주세요.

예, 예!

김치찌게 4500

된장찌게 5000

순두부찌게

어?

윽! 맛이!

84

'김치를 넣고 끓인 것'은 '김치찌개'일까요? '김치찌게'일까요? 우리가 밥을 먹을 때 자주 먹는 음식으로 '찌개'가 있습니다. 그런데 '된장찌개', '비지찌개' 등과 같이 '찌개'를 '찌게'로 잘못 쓰는 경우가 많습니다. 그러나 '찌게'는 맞춤법에 맞지 않는 낱말로 '찌개'라고 써야 알맞은 표현이 됩니다. 따라서 '된장찌게'는 '된장찌개', '비지찌게'는 '비지찌개'로 사용해야 합니다.

풀어 보세요

① (찌개/찌게) 국물이 참 맛있다.

② 나는 (순두부찌개/순두부찌게)를 가장 좋아한다.

정답 ① 찌개 ② 순두부찌개

38

'떡볶이'일까?
'떡볶기'일까?

3학년

요사이 나는 고민에 빠졌다. 항상 이 길을 지날 때마다 느끼는 고민….

?

음….

같은 재료를 넣는데 왜? Why? 어째서! 저렇게 이름이 다르지?

도대체 알 수가 없어.

도대체 뭐가 다른 걸까!?

금자네 떡볶이

순대 오뎅 꿀 떡볶기 라면

꼬치 튀김 물 떡볶이

꼬치 떡볶기

?

원조 할머니 떡볶기

며느리도 몰라 떡볶기

맛이 다를 것이라는 생각에 난 각각 500원어치를 샀다.

500원 어치요.

500원 어치만.

저, 500원.

금자네 떡볶이

내 예상이 빗나갔다. 맛은 다 비슷비슷 했다.

연속해서 먹었더니, 맵군!

얼얼!

그러다 문득 '고추장에 떡과 채소를 넣고 요리한 음식'을 찾아보기로 했다. 그럼 정확한 이름을 알 수 있을 것 같았다.

역시 나는 대단해!

얼얼!

얼얼!

엄청난 노력 끝에 나는 떡볶이만이 맞춤법에 맞는다는 것을 알아냈다. 우하하하! 알아냈다고!

움화화화화! 역시 난 천재!

그래서?

뭐?

어쩌라고?

'고추장에 떡과 채소를 넣고 요리한 음식'인 '떡볶이'는 많은 사람들이 좋아하는 음식 중 하나입니다. 그런데 간혹 떡볶이를 먹기 위해 분식점에 가보면 '떡볶이', '떡볶기', '떡복기' 등으로 혼동하여 사용하는 것을 보게 됩니다. 그러나 이 중에서 '떡볶이'만이 맞춤법에 맞는 낱말로, '떡볶기', '떡복기' 등은 모두 틀린 표기입니다.

풀어 보세요

① 학교가 끝난 후 친구와 (떡볶이/떡볶기)를 사 먹었다.

② (떡볶이/떡볶기)는 매운 맛이 일품이다.

정답 ① 떡볶이 ② 떡볶이

39

'볶으밥'일까? '볶음밥'일까?

3학년

야, 왠지 볶음밥이 먹고 싶지 않냐?

나도 볶음밥 먹고 싶어.

와, 볶음밥 파는 집이다! 우리 저기 가자!

못 미더워 볶음밥

하하하, 어서들 오너라. 자자, 어서 앉아!

네가 골라 봐.

어디 보자.

김치 볶음밥 4,500
짜장 볶음밥 5,000
햄 볶음밥   5,000
채소 볶음밥 4,500
볶은 밥   1,000

어?

'밥에 고기와 채소, 햄 등을 잘게 썰어 넣고 기름에 볶아 만든 음식'을 '볶음밥'이라고 합니다. 이 말을 '복음밥', '볶은 밥', '복은 밥' 등으로 쓰는 것을 흔히 볼 수 있는데 이는 모두 잘못된 표현입니다. 여러 가지 재료에 볶은 밥을 표현할 때에는 '김치볶음밥', '해물볶음밥', '채소볶음밥' 등과 같이 써야 올바른 표현입니다.

✏️ **풀어 보세요**

① 오늘 나온 (볶은밥/볶음밥)은 너무 느끼했다.

② (김치볶은밥/김치볶음밥) 정도는 나도 만들 줄 안다.

밥음볶치김 ② 밥음볶 ① :답정

40

목에 거는 것은 '목걸이'일까? '목거니'일까?

4학년

어, 엄마 웬 한약이에요?

할아버지 후배분이 이 근처에 한의원을 차리셨다고 이렇게 보약을 한 재 지어 보내주셨어.

중국에서도 유명한 한의사셨대. 돈도 많이 버셨겠지!

아, 그래!

그 어르신 밑에서 중국어와 한의학을 공부하면 좋겠구나!

이크!

호호호호호호! 한얼아! 내일부터 당장 가서 배우자.

쿵 쿵

네가 한얼이냐? 반갑구나. 녀석, 참 똑똑하게 생겼구나.

예! 할아버지, 안녕하세요? 헤헤!

허중 한약방

네 엄마가 네 칭찬을 어찌나 많이 하던지. 하나를 가르치면 열을 안다면서?

도대체 뒷감당을 어떻게 하시려고…. 어무이!

그, 그러셨어요?

저희 엄마가 할아버지께 목걸이를 선물로 가져다 드리라고….

뭐야!

이런 고얀! 줄 것이 아무리 없어도 목거리를 줘? 내가 힘없는 노인이니 목거리 얻어서 골골하기를 바라는 거야, 뭐야?

그게 아니고요…. 게르마늄 목걸이를 가져다 드리라고….

* 목거리 : 한의학에서 쓰는 말로, 목이 붓고 아픈 병을 뜻함.

아이구! 그, 그런 거였구나!

내가 중국에 너무 오래 있다 와서 말을 잘못 알아 들었나보다.

이 할아버지 밑에서 배우려면 고생 좀 하겠는 걸…

‘목걸이’와 ‘목거리’는 발음이 같아서 글로 표기할 때 잘못 쓰기 쉬운 낱말입니다. 우리가 흔히 사용하는 목에 거는 보석을 뜻하는 말의 표준어는 ‘목걸이’입니다. 반면 ‘목거리’는 한의학에서 쓰는 말로, ‘목이 붓고 아픈 병’을 뜻합니다. 이처럼 ‘목걸이’와 ‘목거리’는 뜻이 서로 다른 낱말로 반드시 구분하여 써야 합니다.

풀어 보세요

① 이번 (목거리/목걸이)는 심하기 때문에 약을 드셔야 합니다.

② 네 옷과 (목거리/목걸이)가 잘 어울린다.

정답 ① 목거리 ② 목걸이

91

41

마음을 '졸이다'일까?
'조리다'일까?

4학년

이제야 조금 안심이 되네. 아기가 다칠까봐 어찌나 마음을 졸였는지 몰라.

'졸이다'와 '조리다'는 발음이 같아서 잘못 쓰기 쉬운 낱말입니다. 이 중 '조리다'는 '감자조림'이나 '장조림'처럼 고기나 채소에 간이 배어들도록 음식을 바짝 끓일 때 사용하는 낱말입니다. 반면 '졸이다'는 마음, 가슴과 함께 쓰여 '애가 타서 속을 태우다'는 뜻과 '국을 졸이다', '약을 졸이다'와 같이 '국물의 양이 너무 많아 양을 줄인다'는 두 가지 뜻으로 쓰입니다.

✏️ **풀어 보세요**

① 바짝바짝 가슴을 (졸이며/조리며) 하루를 보냈다.

② 어머니께서는 멸치와 고추를 간장에 (졸이고/조리고) 계신다.

정답 ① 졸이며 ② 조리고

저 고개 '넘어'일까? '너머'일까?

2학년

저 산 너머에 너희들이 바라는 세상이 있을 것이다.

오~ 신이시여!

신의 계시가 내렸소, 여러분!

오오~

저 산 너머에 우리가 바라는 세상이 있소.

우리 모두 함께 떠납시다. 신의 계시를 믿고!

갑시다!

드디어 산을 넘었습니다.
오! 신이시여!

'넘어'와 '너머'는 발음이 같아서 잘못 쓰기 쉬운 낱말입니다. 먼저 '넘어'는 '넘다'의 활용형으로 '산을 넘어 간다'처럼 '어떤 사물 위를 지나다'라는 동작의 뜻을 가지고 있습니다. 반면 '너머'는 '집, 담, 산, 고개 등과 같은 높은 곳의 저쪽'을 가리키는 낱말입니다. 대개 '산 너머', '고개 너머' 등과 같이 쓰이는데 이 경우 공간이나 위치의 뜻으로 쓰일 뿐 동작의 뜻을 가지고 쓰이지 않습니다.

풀어 보세요

① 저 돌담 (너머/넘어) 커다란 감나무에 큰 감이 주렁주렁 열렸다.
② 희성이는 재빨리 장애물을 (너머/넘어) 힘차게 달려갔다.

정답 ① 너머 ② 넘어

95

43

큰아버지가 사시는 집은 '큰집'일까?
'큰 집'일까?

4학년

와아, 큰집이다!

이야, 진짜 큰 집이네!

저기가 큰집이야, 오빠.

그래, 그래. 큰 집이지.

와! 정말로 집 크다. 저런 집에서 살면 얼마나 좋을까?

아이 참, 그게 아니라.

그게 아니고, 저기가 우리 큰아버지가 사시는 큰집이라고!

큰 집이 아니라 큰집 이라는 거였어?

오, 솔비야, 네가 새삼 달라 보인다!

…

'큰 집'은 '크다'의 활용형인 '큰'이 '집'을 꾸며주는 말로 '크고 넓은 집'을 뜻합니다. 반면 '큰'과 '집'을 붙여 쓰게 되면 하나의 낱말로, '집안의 맏이가 사는 집, 큰아버지가 사는 집'을 뜻합니다. 이와 같이 '큰 집'과 '큰집'은 띄어 쓰는가 붙여 쓰는가에 따라 서로 다른 뜻으로 사용되기 때문에 반드시 구별해야 합니다.

풀어 보세요

① 너희는 정말 (큰 집/큰집)에서 사는구나!

② 우리 (큰 집/큰집)은 수원에 있다.

정답 ① 큰 집 ② 큰집

44

눈에 '띠다'일까? '띄다'일까?

2학년

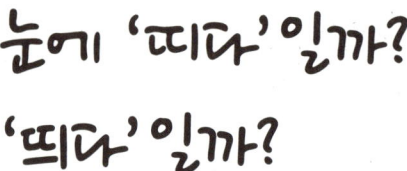

나는야, 슈퍼맨!
정의를 지키는
사명을 띠고 태어난
사나이!

악당들이나 거리의
더러운 쓰레기들은
언제나 나의 눈에
띈다네.
나는 잘났으니까!
예~♪

꺄악!
강도야!
도와줘요!

출동!

'띄다'는 '눈에 보이다'라는 뜻을 가진 '뜨이다'의 준말이자, '사이를 벌리다'의 뜻을 가진 '띄우다'의 준말이기도 합니다. 예를 들어, 형태는 같지만 '거리에 쓰레기가 자꾸 눈에 띈다'는 '뜨이다'의 뜻이며, '글씨를 띄어 쓴다'는 '띄우다'의 뜻입니다. 한편, 비슷한 발음의 '띠다'는 '용무나 사명을 갖다', '감정이나 표정을 겉으로 나타내다'의 뜻으로 '사명을 띠다', '웃음 띤 얼굴'과 같이 쓰입니다.

풀어 보세요

① 역사적 사명을 (띠고/띄고) 이 땅에 태어났다.

② 요즘 거리에는 핸드폰을 들고 다니는 사람이 눈에 많이 (띈다/띤다).

정답 ① 띠고 ② 띈다

45

지하철은 '바꿔 타는' 것일까?
'갈아타는' 것일까?

6학년

…?

뭘 그리 열심히 보고 있는 거야?

지하철 노선표를 보다가 궁금한 것이 생겼어.

뭔데?

음…. 어떻게 설명해 주어야 할까?

갈아타는 거나 바꿔 타는 거나 둘 다 같은 의미 같은데, 왜 환승역 에는 갈아타는 곳이라 적었을까?

!

서울지하철 2호선이 처음 생겼을 때 시청역과 같이 1호선과 2호선이 만나는 곳을 어떻게 부를 것이냐에 대해 논의가 있었대. 논의 결과 갈아타는 곳이라고 결정했대.

왜냐하면….

거참, 갈아타는 곳이나 바꿔 타는 곳이나 똑같아 보이는데….

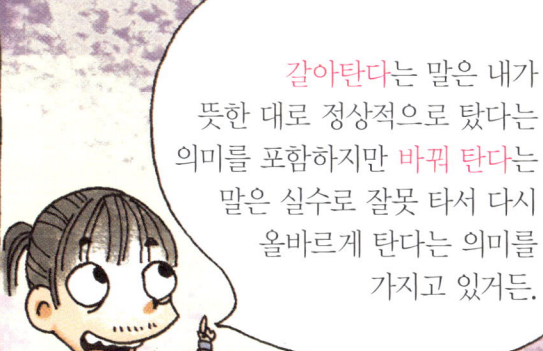

갈아탄다는 말은 내가 뜻한 대로 정상적으로 탔다는 의미를 포함하지만 바꿔 탄다는 말은 실수로 잘못 타서 다시 올바르게 탄다는 의미를 가지고 있거든.

그럼 자기 의도대로 정상적으로 탔을 때에는 갈아탄 것이고 잘못 탔을 때에는 바꿔 탄 것이 라고 해야겠네!

옳지, 역시 내 조카답군!

아하! 그런 차이가 있었구나.

타던 지하철이나 버스에서 다른 것으로 옮겨 탈 때 '갈아탄다'라고 말하기도 하고 '바꿔 탄다'라고 말하기도 합니다. 그런데 여기서 '갈아탄다'는 말은 내가 뜻한 대로 정상적으로 탔다는 의미를 포함하지만 '바꿔 탄다'는 말은 실수로 잘못 타서 다시 올바르게 탄다는 의미를 가지고 있습니다. 따라서 둘 다 사용할 수 있는 말이지만 뜻은 다르기 때문에 정확히 구분하여 사용하는 것이 좋습니다.

풀어 보세요

① 시청으로 가려면 이곳에서 내려 (갈아타야/바꿔 타야) 한다.
② 버스를 잘못 타서 (갈아타고/바꿔 타고) 왔다.

정답 ① 갈아타야 ② 바꿔 타고

46

'먹든지 굶든지'일까?
'먹던지 굶던지'일까?

밥을 먹든지 굶든지 네가 선택해.

하지만 굶으면 대신 꿀밤 맞을 줄 알아.

칫!

그렇게 해서 밥을 억지로 먹었는데 어찌나 맛이 없던지 죽는 줄 알았어. 지금 생각해도…. 으웨엑!

윽! 엄청 괴로웠겠다.

이모한테 이를테면 일러봐! 이르든지 말든지 그건 네 맘이니까!

일렀다간 너랑 다신 안 놀 거야.

오빠가 어찌나 얄밉던지 정말 화나 죽는 줄 알았어. 엄마, 얼른 큰이모한테 전화해서 일러.

얼른! 얼른!

잉!

아이, 참…. 그래, 알았다, 알았어.

응, 응….

그래, 알았어!

손으로 맞든지 발로 맞든지 선택은 네 자유다.

그리고 이 자리에서 맞든지 방에 들어가서 맞든지 그것도 네 자유지. 하지만 맞는 건 변함이 없다는 것! 알겠니?

그, 그냥 방에서 맞을래요!

'~든지'와 '~던지'는 발음이 비슷하여 혼동하여 쓰기 쉬운 말입니다. 그러나 이 두 말은 뜻이 다른 말로 '~든지'는 '사과를 먹든지 배를 먹든지'처럼 선택의 뜻을 나타내고자 할 때 붙여 쓰는 말입니다. 반면 '~던지'는 '얼마나 멋있었던지 또 가고 싶다', '그 아이가 가엾었던지 도와주는 사람이 많았다'와 같이 과거에 대한 회상이나 추측 등의 뜻을 나타낼 때 쓰이는 말입니다.

풀어 보세요

① 얼마나 (맛있었든지/맛있었던지) 자꾸 생각이 난다.

② (가던지 말던지/가든지 말든지) 네 맘대로 하거라.

지말 지든가 ② 지던있맛 ① 답정

달빛이 '비치다'일까?
'비추다'일까?

'비추다'는 '빛을 보내어 무엇을 환하게 하다'는 뜻을 가진 낱말로 대개 '~을/를'과 같은 목적어와 같이 쓰입니다. 반면 '비치다'는 '빛이 나서 환하게 되다'라는 뜻을 가진 낱말로 목적어를 필요로 하지 않습니다. 따라서 '달빛이 비치다'가 맞는 표현입니다. 한편, '비추다'가 '어떤 것과 관련하여 견주어 보다'라는 뜻으로 쓰일 경우 '내 경험에 비추어 볼 때'와 같이 쓰이므로 주의하여야 합니다.

풀어 보세요

① 거울에 얼굴을 (비추어/비치어) 보았다.

② 구름 사이로 햇빛이 (비추다/비치다).

정답 ① 비추어 ② 비치다

48

목표를 '쫓다'일까? '좇다'일까?

자, 오늘의 발표 주제는 나의 목표다. 나의 목표는 무엇인지,

나의 목표

목표를 이루기 위하여 무엇을 할지 발표해 보도록 하자.

그래, 민희. 어디 발표해 볼까?

저요!

저는 유명한 패션 디자이너가 되는 게 목표입니다!

자, 그럼 다음은 누가 발표해 볼까? 그래, 창식이.

저요!

저는 어린이집 원장이 되고 싶어요. 그 목표를 이루기 위해 저는 아이들과 열심히 놀아줄 계획 입니다.

호호호! 그래, 참 좋은 목표를 가지고 있구나.

창식이의 분위기와는 조금 어울리지 않지만, 그래도 자기가 좋아하는 일이니까.

그럼 다음으로 누가 말해 볼까?

선생님, 저요, 저요!

그래, 한얼이. 말해 보렴.

저의 목표는 우주 정복입니다! 저는 그 목표를 쫓기 위해서 열심히 우주에 관한 공부를 하려고 합니다.

목표나 행복을 추구하려면 좇다라고 해야지. 쫓다는 따라가다 또는 추격하다 라는 뜻이란다. 하지만 너의 그 목표를 위해 일단 네 머리 속에서 딴 생각을 쫓아내는 것이 좋을 것 같구나.

'쫓다'라는 말은 '어떤 대상을 잡거나 만나기 위하여 따라 가다 또는 추격하다', '어떤 자리에서 내쫓다', '졸음 따위를 물리치다' 등의 뜻으로 쓰이는 낱말입니다. 반면 발음이 비슷하여 혼동하기 쉬운 '좇다'는 '목표나 행복을 추구하다', '남의 말을 따르다', '생각을 하나하나 더듬다'와 같은 뜻을 갖는 전혀 다른 낱말입니다. 따라서 이 경우 '목표를 추구하다'는 뜻으로 사용되었으므로 '목표를 좇다'가 맞습니다.

풀어 보세요

① 돈을 (쫓기/좇기)보다는 네 꿈을 (쫓아/좇아) 장래 목표를 결정해라.

② 아이들이 참새를 (쫓아/좇아)내느라 한창이다.

정답 ① 좇기/좇아 ② 쫓아

49

'설거지'일까? '설것이'일까?

3학년

이모, 제가 뭐 도울 거 없어요? 일 좀 시켜주세요.

어머나, 정말?

말은 고맙지만 여기 일은 신경 안 써도 되니까 가서 오빠랑 재미있게 놀아라.

헉!

이모를 도와야 일기를 쓸 수 있는데….

하면 안 돼요?

말만 들어도 도와준 것처럼 고마우니 어서 가서 일기 쓰렴.

정말요? 그럼 저 그냥 일기 써도 돼요?

우와, 신 난다! 얼른 일기 써야지, 룰루루~

일기

음… 뭐지?

오빠, 설거지가 맞는 거야, 설겆이가 맞는 거야?

일기에 써야 해. 어서 알려줘!

흠!

설거지가 맞는 거야. 우리 솔비 몰랐구나! 오, 일기 쓰는 중이네. 오빠가 맞춤법에 맞는지 확인해 줄 테니까 한번 읽어봐.

큭큭큭, 재미있겠다. 일기!

오늘은 이모네 집에 놀러 왔다. 이모의 설거지를 도와 드리고 기분이 참 좋았는데 오빠가 내 일기를 읽어 보라고 시켜서 기분이 나빴다. 오빠는 내가 어린애인 줄 아나보다. 오빠 바보!

허걱!

고마워, 오빠. 오빠 덕에 한 장 다 채울 수 있었어. 호호.

너, 너 그럼 일부러! 이 여우!

음식을 먹은 후 그릇을 씻는 일을 가리켜 사람들은 '설거지'라고 하기도 하고 '설겆이' 라고 하기도 합니다. 그러나 국어사전에서는 '설거지'만을 맞춤법에 맞는 낱말로 인정하고 있습니다. '설거지'는 우리가 흔히 사용하는 말 중에서 맞춤법이 틀리게 사용하는 대표적인 낱말 중의 하나로 반드시 '설거지'로 써야 합니다.

풀어 보세요

① 밥을 다 먹고 나서 오늘 (설거지/설겆이)는 네가 하렴.

② 오늘 (설거지/설겆이) 할 그릇이 참 많구나.

정답 ① 설거지 ② 설거지

50

'저희 나라'일까?
'우리나라'일까?

'저희 나라'라는 말이 사용되는 것은 흔히 볼 수 있는데, 아마도 '우리나라'라는 말을 겸손하게 낮추어서 표현하기 위해서였을 것입니다. 그러나 우리나라는 우리 국민 모두에게 해당되기 때문에 '저희 나라'라고 하면 나라와 국민 모두를 낮추는 셈이 됩니다. 따라서 어른이나 외국인 앞에서도 마찬가지여서 반드시 '우리나라'로 사용해야 합니다.

풀어 보세요

① (저희 나라/우리나라)의 스마트폰 보유 대수가 천오백만 대를 넘었습니다.

② (저희 나라/우리나라)는 사계절이 뚜렷하지요.

정답 ① 우리나라 ② 우리나라

30분이나 '빨리' 왔어? '일찍' 왔어?

4학년

느림보 주제에 감히 나에게 도전을 하다니! 웃기고 있군!

저렇게 느려서야 앞으로 2시간도 더 걸리겠군.

느긋하게 낮잠이나 한숨 자자.

쿨~~!

9시까지 올 것을 8시 30분까지 와서 기준 시간보다 이르게 왔다는 의미로 사용하고자 했다면 '빨리'가 아니라 '일찍'을 써야 올바른 표현이 됩니다. '빨리'는 속도의 뜻을 가진 낱말로 어떤 동작을 하는데 걸리는 시간이 짧게 걸렸다는 의미를 갖습니다. 만약 '일찍'과 '빨리' 중 어떤 낱말을 사용해야 할지 분명하지 않을 경우에는 두 낱말의 반대말인 '늦게'와 '느리게'를 넣어보면 쉽게 구분할 수 있습니다.

풀어 보세요

① 버스가 (빨리/일찍) 달려주어서 지각을 면했어.

② 약속 시간보다 10분이나 (빨리/일찍) 왔지 뭐야.

정답 ① 빨리 ② 일찍

52

지금 '시간'이 몇 시 몇 분일까?
'시각'이 몇 시 몇 분일까?

3학년

삼식아, 지금 시각이 몇 시 몇 분이니?

어?

시각이라니? 시간이라고 해야지.

웬 시간?

내가 지금 몇 시 몇 분인지 물었으니까 시각이 맞지.

아냐, 광고 전이나 뉴스 시작 전에 보면 현재 시간을 알려드립니다라고 하면서 몇 시 몇 분이라고 나오잖아. 그러니까 시간이 맞아.

시간이야!

시각이거든!

시간이 맞는 거야!

시각이야!

시간이거든!

시각이 맞아!

애들아, 그만, 그만!

선생님이 잘 설명해 줄 테니 다투지들 마.

시각이란 어떤 특정하고 고정된 한 때의 순간을 말하는 거란다. 그러니 지금이 몇 시 몇 분인지를 물어보는 질문에는 한얼이가 말한 시각이 맞단다.

한얼이는 아주 정확한 표현으로 질문을 했으니 참 대견하구나.

하지만 지금은 수업 시간이라고! 왜 그런 것을 지금 묻는 거야?

훌쩍~

너희 둘 다 오늘 나머지 공부에 청소 추가야! 알겠니?

대개 '시각'은 '어떤 특정한, 고정된 한 때의 순간'을 말하는 것으로, 5시 30분처럼 정확한 한 시점을 가리킬 때 사용합니다. 반면 '시간'은 '시각과 시각 사이의 간격, 때의 계속되는 동안'을 뜻하는 말로 시각과는 차이가 있습니다. 만약 우리가 지금이 몇 시인지를 묻는다면 시간이 아니라 시각을 묻는다고 할 수 있습니다. 따라서 '지금 시각이 몇 시 몇 분이지요?'와 같이 사용해야 올바른 표현이 됩니다.

풀어 보세요

① 집합 (시간/시각)은 오후 2시입니다.

② 공부할 (시간/시각)이 많지 않아 걱정이다.

정답 ① 시각 ② 시간

115

53

'셋째' 딸일까?
'세째' 딸일까?

4학년

옛날에 어여쁜 딸을 많이 둔 최진사가 있었다. 그중에서 셋째 딸이 가장 미모가 뛰어나 그 소문이 여러 고을에 퍼졌다.

모든 총각들이 목을 매고 달려들었으나 최진사의 까다로운 시험을 통과하지 못하고 모두들 퇴짜만 맞았는데.

감히 내 딸을 넘봐? 어림 반 푼어치도 없는 소리! 나 최진사야!

흑! 전재산을 걸지 말았어야 하는데….

이보시오! 실례지만 무슨 일인지 나에게 말해줄 수 있겠소?

실은 이 집 딸이 예쁘다기에 장가 들려고 했다가….

이놈의 최진사에게 딱 걸려서 재산만 다 빼앗겼다오. 시험이 어찌나 헷갈리던지.

차례와 순서를 나타내기 위해 첫째, 둘째 다음에 오는 말의 표준어는 '셋째'가 맞습니다. 한때 '셋째'와 '세째'를 구분하여 각각 표준어로 정한 적이 있었으나 지금은 단지 '셋째'만을 인정하고 있습니다. 따라서 '첫 번째, 두 번째'처럼 순서를 나타내든 '두 개째, 세 개째, 네 개째'처럼 수량을 나타내든 항상 '셋째'로 써야 합니다. 따라서 '셋째 딸'이 맞는 표현입니다.

풀어 보세요

① 첫째는 정직해야 하고 둘째는 부지런해야 하고 (세째/셋째)는 참을성이 있어야 한다.

② 나는 우리집 (세째/셋째) 아들이다.

② 째셋 ① 째셋 :답정

'가르마'를 타야 할까?
'가리마'를 타야 할까?

1학년

흠… 머리 모양을 좀 바꾸고 싶은데….

과연 어떤 머리 모양이 나에게 가장 잘 어울릴까?

흠….

고민할 게 뭐 있어? 그냥 가리마만 바꿔 타면 되는 거지?

가리마라고 하니 갑자기 옛날 생각난다. 엄마 여고 시절, 가리마 타서 두 갈래로 머리를 닿으면 어찌나 예뻤던지.

엥!

엄마, 가리마가 아니고 가르마라고 하는 거예요.

그리고요….

또, 뭐?

뭐, 뭐야!

훗! 아무것도 아니에요.

너, 그 웃음은!

'빗 등을 이용해 머리카락을 양쪽으로 갈라 생긴 금'을 뜻하는 낱말의 표준어는 '가르마'입니다. 대개 이 경우 '가름마', '가리마' 등으로도 사용하고 있으나, 이는 모두 잘못된 표현입니다. 특히 '가리마'의 경우 '예전에 여자들이 예복을 입을 때 머리 위에 쓰던 검은 헝겊'이라는 다른 뜻도 있으므로 구별하여 써야 합니다.

풀어 보세요

① (가르마/가리마)를 타서 머리를 두 갈래로 땋았다.

② (가르마/가리마)를 잘못 타면 좀 이상해 보인다.

정답 ① 가르마 ② 가르마

119

55

'웃어른'일까?
'윗어른'일까?

2학년

아래, 위 짝 맞추기 놀이!

신 나는 놀이 시작!

자, 그럼 내가 먼저 시작한다.

윗도리의 짝은? 위층의 짝은?

아랫도리! 아래층!

오, 솔비! 조금 하는데?

좋았어, 더 속도를 내서 해보자. 그럼…

윗니의 짝은?

음… 아랫니! 쉬워, 쉬워!

'웃어른'과 '윗어른' 중 표준어로 사용되는 낱말은 '웃어른'입니다. 그러나 '윗옷, 윗니, 윗도리' 등의 경우에는 '윗'으로 써야 맞는 표현입니다. '옷'과 '윗'은 같은 뜻이지만 경우에 따라 구별하여 써야 합니다. 예를 들어, '윗니, 아랫니'처럼 위와 아래의 짝이 있는 경우에는 '윗'을 붙여 사용하고, '웃어른'이나 '웃돈'처럼 위와 아래의 짝이 따로 없는 경우에는 '웃'을 붙여 사용해야 합니다.

풀어 보세요

① 오늘 그림을 그렸더니 (웃도리/윗도리)가 많이 더러워졌다.

② (웃돈/윗돈)을 얹어 주고야 간신히 표를 살 수 있었다.

요답 ① 윗도리 ② 웃돈

56

'초코렛'일까? '초콜릿'일까?

6학년

어머! 어떡하지? 내일이 밸런타인데이잖아!

벌써 밤 11시! 너무 늦어서 편의점에서 사야겠네.

성의 없어 보이지만 할 수 없지. 이제 카드만 쓰면 되지.

가만?

내 마음을 담아서 이 초코

초코렛?

쵸콜릿?

아님 초콜렛?

쪼꼬렛?

헛갈려! 헛갈려!

이럴 땐 국어사전이 최고!

음…

뭐야? 벌써 여자들로 둘러싸여 있네. 아, 뭔가 기발한 멘트가 필요한데….

저, 저기 말이야.

재네들은 초코렛, 초콜렛, 쪼꼬렛 이라면서 주었지? 하지만 정확한 말은 초콜릿이거든. 좀 엉뚱하고 황당하겠지만 내 걸 받아주겠니?

와아, 너 정말 대단하다! 하하! 안 그래도 항상 궁금했었는데….

웃겨진짜~

뭐야?!

어머여~ 꼬짝 저 정도야?

긱긱 웬일이니?

고마워. 어떤 초콜릿보다 더 소중해. 감사히 잘 받을게.

햐!

이럭죽가!

안돼!

노우!

허!!

'코코아에 설탕, 우유 등을 넣어 만든 달콤하고 부드러운 과자'를 뜻하는 낱말로, '초코렛, 초콜렛, 쪼코렛, 초콜릿' 등 여러 가지 낱말이 혼용되고 있습니다. 이는 이 낱말이 영어에서 비롯되었기 때문입니다. 그러나 사전을 찾아보면 이 낱말의 표준어로는 '초콜릿' 하나만을 인정하고 있으므로 명확히 알고 사용해야 겠습니다.

풀어 보세요

① 기분이 우울할 때는 (초코렛/초콜릿)을 먹으면 나아지는 것 같다.

② 밸런타인데이에 (초코렛/초콜릿) 선물을 받았다.

릿콜초 ② 릿콜초 ① 답정

57

화가 난 얼굴은 '울그락붉으락'한 걸까? '붉으락푸르락'한 걸까?

5학년

으아악!
이게 뭐야!

울먹!

울먹!

끄악!
미치겠다, 정말!

어, 어떻게 손 좀
보면 안 될까?

대망해서
어째나...

소,
손을 봐?

이 꼴을 보라고!
손 봐서 될 일이야!
마지막 증명사진에
마지막 이력서인데!

시간이 촉박해서 지금
다시 쓸 수도 없다고!
내일 아침 8시까지 들고
가야 한단 말야!

쳇! 내 인생이 늘
이렇지. 언제는
잘 됐나?

외삼촌이 화가 나서
얼굴색이 **붉으락푸르락**
하네! 어쩌냐?

악! 그래도, 그래도
이번에는 잘 될 것
같았는데!

그럼 외삼촌
얼굴이 신호등!

몹시 흥분하거나 화가 나서 얼굴색이 변하는 모양을 나타내고자 할 때 '붉으락푸르락하다'라는 표현을 사용합니다. 그런데 간혹 이 말을 '얼굴이 울그락붉으락하다'라는 표현으로 사용하는 사람이 있는데, 이는 잘못된 표현으로 '붉으락푸르락'이라는 낱말을 사용하여야 올바른 표현이 됩니다.

풀어 보세요

① 그 사람은 너무 화가 난 나머지 얼굴이 (울그락붉으락/붉으락푸르락) 했다.

② 얼굴이 순식간에 (울그락불그락/붉으락푸르락)해졌다.

정답 ① 붉으락푸르락 ② 붉으락푸르락

58

'여지껏' 잠을 잤니?
'여태껏' 잠을 잤니?

5학년

일요일이라고 잠만 자면 어떡해? 정신 차리고 어서 숙제해.

예, 예!

저녁 늦게까지 숙제할 생각 하지 말고 방에 들어가자마자 바로 숙제 시작해라. 알았지?

예, 예…

에이, 일요일인데…. 귀찮다! 조금만 더 누워 있자.

벌써 4시네! 애가 숙제하느라 간식 달라고도 안 하네.

한얼아, 숙제 다….

뭐야! 여지껏 잠자고 있었던 거야? 엄마가 숙제하고 있으라고 말했잖아!

에이, 엄마! 여지껏 잠을 잤냐가 아니고 여태껏 잠을 잤냐고 해야 알맞은 표현이라고요.

그리고 앞으로는 제가 다 알아서 할테니 잔소리 좀 그만 하세요.

그렇게 잘 아시면 어서 일어나 숙제나 하시죠!

깩! 잘못했어요!

이 잘난 아드님!

'여태'는 이미 되어졌어야 하는 일이 지금까지 되지 않아 불만스러운 상태일 때 '아직까지'라는 뜻으로 사용되는 낱말입니다. 여기에 '껏'을 붙이면 '여태껏'이 되어 '여태'의 뜻을 좀더 강조하는 표현이 됩니다. 그런데 간혹 이 말이 사람들 사이에서 '여지껏'으로 쓰이는 경우가 있는데, 이는 잘못된 표현입니다. 따라서 이 경우 '여태껏 잠을 잤니?'라고 써야 알맞은 표현이 됩니다.

풀어 보세요

① (여지껏/여태껏) 뭐 하다 지금 숙제를 하고 있니?
② 지금이 몇 시인데 (여지껏/여태껏) 잠을 자니?

정답 ① 여태껏 ② 여태껏

59

'버스 정류장'일까?
'버스 정거장'일까?

3학년

가끔 버스를 타면 예전 커피 광고가 생각이 난다.

저, 이번 정류장에서 내려요.

아!

커피를 건네며 수줍게 말하던… 아, 나에게도 그런 일이 생기면 얼마나 좋을까?

저, 저기…. 이번 정류장에서 같이 내려줄 수 있을까요?

이, 이게 무슨 말이지? 나한테 같이 내리자고 하는 건가?

버스를 타다 보면 흔히 '다음 정거장이 어디예요?'와 같은 말을 많이 들을 수 있는데 이는 잘못된 표현입니다. 철도에서 열차를 정지시키거나 세울 수 있는 곳을 가리켜 '정거장' 또는 '역'이라 하고, 버스나 택시 등에 사람을 태우거나 내릴 때 머무르는 장소는 '정류장'이라 하여 이 둘을 구별하여 사용하고 있습니다. 따라서 '버스 정류장', '기차 정거장'이라고 해야 올바른 표현이 됩니다.

풀어 보세요

① 다음에 내리실 버스 (정류장/정거장)은 시청입니다.

② 기차 (정류장/정거장)까지 내가 마중 나갈게.

정답① 정류장 ② 정거장

60

지진이 일어나는 '원인' 일까?
'이유' 일까?

5학년

지진, 지진, 지진이 일어나는 것…

음…. 여기 있군.

컴퓨터로 하면 편한데 왜 굳이 손글씨로 써오라고 하시는지.

귀찮아 죽겠네.

뭐하냐, 한얼아?

지진이 일어나는 것에 대해서 공책에 써 오는 것이 숙제야. 그런데 맞춤법이나 문장의 뜻이 잘 맞는지 헷갈려서.

어디 한번 줘봐. 외삼촌이 봐줄게.

지진이 일어나는 이유는… 이라… 이건 맞지 않는 표현이야, 한얼아.

이럴 때는 원인이라고 써야 맞는 거야. 원인은 어떤 상태가 일어나는 근본을 과학적, 논리적인 방법으로 증명할 수 있을 때 사용하는 낱말이거든. 에헴!

와, 외삼촌 대단한데! 멋져!

에구, 뭘…

그럼 외삼촌이 취직을 못하는 것은 원인이라고 해야 해, 이유라고 해야 해? 헷갈려서….

궁금한 게 하나 더 있는데….

어? 뭔데?

'원인'은 '어떤 상태가 일어나는 근본'을 뜻하는 말로 과학적·논리적인 방법으로 증명할 수 있을 때 사용하는 낱말입니다. '이유'는 '까닭, 사유'라는 뜻으로, 어떤 일을 하는 이의 행동이 동기가 있고 의식적일 때 사용하는 말입니다. 예를 들어, 내가 집에 간 까닭은 '이유'로 써야 하지만, 화산이 터진 까닭은 '원인'이라고 구별하여 써야 합니다. 한편 '까닭'은 순수한 우리말로 두 경우 모두 사용할 수 있답니다.

풀어 보세요

① 현정이가 갑자기 화를 낸 (이유/원인)은/는 무엇일까?

② 환경 오염의 (이유/원인)은/는 무분별한 개발이다.

정답 ① 이유 ② 원인

61

'어떻게'일까? '어떡해'일까?

상빈아, 안녕? 난 솔비라고 해.
네가 처음 전학 왔을 때 난 너에게 반했단다.
노랑반에 와서 인사하던 네가 정말 마음에 들었어.

이런 내 마음을 말로 하기는 쑥스러워
이렇게 글로 보내는데…

후훗!
역시 나는
어른스러워.

툭

으악! 어떡해? 정성 들여 쓴 내 편지가… 코코아를 엎어서 다 젖었잖아. 아니 어떻게가 맞나?

음, 모르겠는데 엄마한테 가서 얼른 물어봐야겠어.

음, 엄마가 찾아보니까 어떡해가 맞아. 어떡해는 '어떻게 해'의 준말로…

알았어, 엄마, 고마워!

어떡해가 맞는 거라니 편지를 마저 써야지.

맞다! 편지!

'어떻게'와 '어떡해'는 발음이 비슷하여 흔히 혼동하여 쓰지만 두 낱말의 뜻에는 차이가 있습니다. '어떻게'는 '의견, 형평 따위가 어찌 되다'라는 뜻의 '어떠하다'에 '게'가 붙어 다른 말을 꾸밀 때 사용하는 말로, '어떻게 된 일이니?'와 같이 사용 됩니다. 반면 '어떡해'는 '어떻게 해'가 줄어든 말로 주로 문장 끝에 쓰여 '비가 와서 다 젖었으니 어떡해'와 같이 쓰입니다. 따라서 이 경우 '어떡해'가 맞는 표현입니다.

풀어 보세요

① 요즈음 (어떻게/어떡해) 지내?

② 오늘도 안 오면 (어떻게/어떡해).

정답 ① 어떻게 ② 어떡해

62

산책하기 '안맞늘' 날씨일까?
'안맞은' 날씨일까?

3학년

오늘의 날씨

지루하게 내렸던 비가···. 전국 대부분 지방이 화창한 날씨를 ···.

어? 못 보던 기상 캐스터 누나네.

뭐야? 새로 들어온 신입인가? 전에 누나가 더 예뻤는데!

다음은 한 주간 생활 지수입니다. 외출 지수는 90으로 산책하기 알맞은? 알맞는?

외출지수 90

산책하기 좋아요.

'일정한 기준이나 조건에 넘치거나 모자라지 않고 적당하다'는 뜻을 가진 '알맞다'의 활용형으로 다른 말을 꾸며줄 때 쓰는 말은 '알맞은'이 맞는 표현입니다. 간혹 '알맞은'을 '알맞는'으로 쓰는 사람이 있는데, 이것은 '맞다'의 활용형인 '맞는'과 혼동하기 때문인 것으로 보입니다. 그러나 이 두 낱말을 사용할 때에는 '알맞은 답을 고르시오'나 '맞는 답을 고르시오'라고 사용해야 올바른 표현이 됩니다.

풀어 보세요

① 학생은 학생 신분에 (알맞은/알맞는) 옷차림을 해야 단정하다.

② 다음 물음에 (알맞은/알맞는) 답을 쓰시오.

정답 ① 알맞은 ② 알맞은

63

물이 언 것은 '얼음'일까?
'어름'일까?

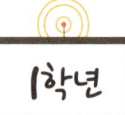

1학년

궁금한 게 있는데 가르쳐 줘, 엄마.

뭔데? 물어 봐.

어름이 맞는 거야? 얼음이 맞는 거야?

응, 그건 얼음이 맞는 거야.

슈퍼에 '어름 팝니다' 라고 씌여 있던데.

그건 잘못 쓴 거네.

아이고, 똑똑한 우리 딸!

그럼 곰은 추운 데 살아, 더운 데 살아?

곰? 곰이라고? 음….

'얼음'과 '어름'은 소리가 같기 때문에 글로 쓸 때 잘못 쓰기 쉬운 낱말입니다. 그러나 '얼음'은 물이 얼어서 된 것을 가리키는 말이고, '어름'은 '두 물건의 끝이 맞닿는 곳 또는 시간이나 장소 가까이'라는 전혀 다른 뜻을 가지고 있는 낱말입니다. 이처럼 '얼음'과 '어름'은 전혀 다른 뜻을 가지고 있기 때문에 반드시 구분하여 사용해야 합니다.

풀어 보세요

① 지리산은 전라도, 충청도, 경상도의 (얼음/어름)에 위치하고 있다.

② 냉동실에서 꺼내어 놓았는데 그새 (얼음/어름)이 다 녹아버렸다.

정답 ① 어름 ② 얼음

64

'더욱이' 비까지 오는 걸까?
'더우기' 비까지 오는 걸까?

3학년

외삼촌, 무서운 이야기 좀 해줘.

무서운 이야기?

좋아, 해 주지!

대신 무섭다고 얘기 듣다가 놀라서 기절하진 말아라.

옛날에 어떤 남자가 과거 시험을 보기 위해 길을 가고 있었어.

어허, 큰일이군. 아직 주막집도 찾지 못했는데 벌써 이렇게 날이 어두워지다니….

아니 이럴수가! 날도 어두워졌는데 더우기 비까지 오다니!

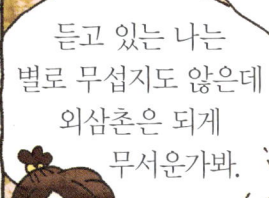

듣고 있는 나는 별로 무섭지도 않은데 외삼촌은 되게 무서운가봐.

그런데, 그런데… 갑자기 나그네의 앞에 무언가 불쑥!

아냐! 아냐!

아니라고! 외삼촌!

불쑥

더우기가 아니라 더욱이야. 지금 삼촌이 쓴 표현은 잘못된 것이라고.

알았어, 외삼촌?

오빠가 갑자기 소리 질러서 기절했잖아!

어라?

톡

일반 사람들뿐 아니라 전문 작가들도 흔히 잘못 쓰는 말 중의 하나가 바로 '그러한 데다가 더'라는 뜻을 가진 '더욱이'입니다. 예전에는 '더우기'로 적고 '더욱'을 이의 줄임말로 사용했던 적이 있었으나, 새로 바뀐 맞춤법에서는 '더우기' 대신 '더욱이'를 표준어로 인정하고 있습니다. 따라서 '날도 어두워졌는데 더욱이 비까지 오는군'과 같이 사용해야 올바른 표현이 됩니다.

풀어 보세요

① 네가 이 일을 하기에는 몸도 약하고 (더욱이/더우기) 나이도 어리다.

② 바람도 부는데 (더욱이/더우기) 빗방울까지 떨어지기 시작했다.

정답 ① 더욱이 ② 더욱이

139

65

우산을 머리에 '받치다'일까? '받히다'일까?

5학년

이런! 고추장에 벌레가 잔뜩 끼었네. 어서 치워야지.

빠~아

이런! 비가 오네.

…

한얼아!

얘, 얘!

왜요? 무슨 일이신데요?

엄마가 장독대에서 급히 할 일이 있는데 지금 비가 오니까 네가 나와 우산을 엄마 머리에 받혀주거라. 알아 들었지?

'받치다'와 '받히다'는 뜻과 발음이 비슷하여 일상생활에서 혼동하여 쓰기 쉬운 낱말입니다. 그러나 '받치다'는 강세의 뜻을 가진 '치'가 붙어 '우산이나 양산을 펴 들다' 또는 '밑에서 괴다'라는 뜻을 가진 낱말이고, '받히다'는 피동의 뜻을 가진 '히'가 붙어 '머리나 뿔 등에 받음을 당하다'라는 뜻을 갖고 있는 낱말입니다. 따라서 우산이나 양산을 '받치다'로, 머리를 기둥에 '받히다'로 사용해야 합니다.

풀어 보세요

① 뜨거운 찌개 좀 놓게 (받칠/받힐) 것 좀 갖다 주세요.

② 날아오는 축구공을 못 보고 머리를 (받쳤다/받혔다).

정답 ① 받칠 ② 받혔다

66

안개가 '거치다'일까? '걷히다'일까?

5학년

어? 왜 이렇게 안개가 잔뜩 꼈지? 오늘 반 대항 축구 시합이 있는데…

일기 예보 좀 봐야겠어.

오늘의 날씨

오늘은 전국적으로 안개가 짙게 껴있습니다. 이 안개가… 안개가.

'거치다'와 '걷히다'는 뜻이 다르지만 발음이 같아 글로 적을 때 혼동하기 쉬운 낱말입니다. '거치다'는 '오가는 도중에 어디를 잠깐 지나거나 들르다'의 뜻으로, '대구를 거쳐 부산에 왔다'와 같이 쓰입니다. 반면 '걷히다'는 '구름, 안개 등이 흩어져 없어지다'라는 뜻으로 '구름이 걷히다'와 같이 쓰입니다. 따라서 이 경우 '안개가 걷히다'로 써야 바른 표현이 됩니다.

풀어 보세요

① 장마가 (거치고/걷히고) 나니 다시 맑은 하늘이 얼굴을 내비쳤다.

② 중학교와 고등학교를 (거쳐야/걷혀야) 대학에 갈 수 있다.

야셔ㄷ ② 고히얻 ① 답정

143

67

한약을 '달이다'일까? '다리다'일까?

4학년

에휴휴!

?

아침부터 무슨 한숨이 그렇게 많아? 무슨 일 생겼어?

아냐!

…

옆집 사는 승민 엄마는 기운 없어 보인다고 남편이 보약까지 지어 왔다는데…. 나는 소고기 한 번 먹기도 힘이 드니, 원!

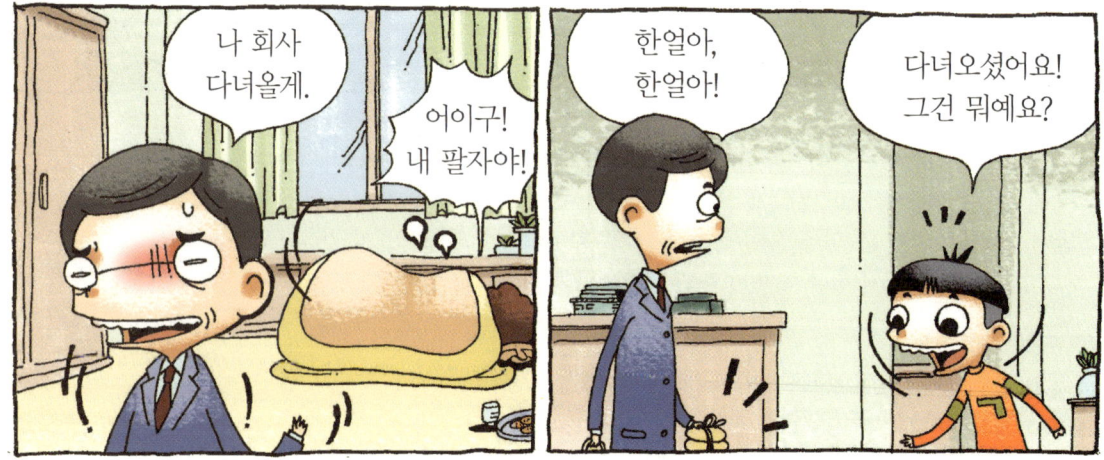

나 회사 다녀올게.

어이구! 내 팔자야!

한얼아, 한얼아!

다녀오셨어요! 그건 뭐예요?

'달이다'와 '다리다'는 발음이 같기 때문에 글로 적을 때 혼동하기 쉽지만 뜻을 구분하여 써야 하는 낱말입니다. '달이다'는 '간장, 약재 등의 액체를 끓여서 진하게 만들다'는 뜻이고, '다리다'는 '옷이나 천의 구김을 펴기 위해 다리미 등으로 문지르다'는 뜻을 가지고 있습니다. 따라서 한약은 '달이다'로, 셔츠는 '다리다'로 구분하여 써야 합니다.

✏️ **풀어 보세요**

① 구겨진 바지를 어머니께서 (달여/다려) 주셨다.

② 한약 (달이는/다리는) 냄새가 온 집안에 퍼졌다.

정답 ① 다려 ② 달이는

68

솥을 '안치다'일까? '앉히다'일까?

6학년

안녕하세요? '오늘의 요리' 입니다.

오늘은 나잘해 선생님을 모시고 진행을 해 보겠습니다.

선생님, 오늘 만들 요리는 무엇인가요?

예, 오늘은 생선 매운탕 입니다.

자, 첫 번째는 준비된 재료들을 잘 썰어줍니다.

소, 손이 안보이네요.

정말 대단한 칼놀림입니다!

헙!

허업!

'안치다'와 '앉히다'는 발음은 같지만 뜻이 전혀 다른 낱말입니다. 먼저 '안치다'는 대개 '밥, 떡 등의 음식을 그릇에 넣고 음식이 되게 하다'라는 뜻으로 사용되는 낱말입니다. 반면 '앉히다'는 '앉다'라는 낱말에 시킴의 뜻을 갖는 '히'가 붙어 '남이 다른 이에게 앉게 하다'라는 뜻을 갖게 된 낱말입니다. 따라서 '솥을 안치다'로 써야 올바른 표현이 됩니다.

풀어 보세요

① 엄마는 아이를 무릎 위에 (안쳤다/앉혔다).
② 솥에 고구마를 넣고 불에 (안쳤다/앉혔다).

정답 ① 앉혔다 ② 안쳤다

69

저놈을 당장 '들어내다'일까? '드러내다'일까?

5학년

에잇!
못난 놈!

네놈한테 들인 과외비만 해도
집 한 채는 지었겠다! 꼴도
보기 싫으니 썩 물러나거라.

아버님, 한 번만
용서해 주세요.
다시는 PC방도
안 가고 수업도
안 빼먹을게요.

집 나가면 용돈과
밥은 누가 주고,
잠은 어디에서
자라고요.

들기 싫다! 뭐하느냐,
어서 저놈을 드러내지 않고!
드러내라, 어서!

?

?

?

'들어내다'와 '드러내다'는 발음이 같지만 서로 뜻이 다른 낱말입니다. 이 중 '들어내다'는 '물건을 들어서 밖으로 옮기거나 사람을 있는 자리에서 내쫓다'라는 뜻으로 사용되는 낱말입니다. 반면 '드러내다'는 '보이지 않았던 것이나 알려져 있지 않았던 것을 밖으로 나타나게 하다'라는 전혀 다른 뜻으로 사용됩니다. 따라서 이 경우 '저놈을 당장 들어내지 못할까?'로 써야 올바른 표현이 됩니다.

풀어 보세요

① 어깨를 많이 (들어내는/드러내는) 옷은 보기에 좋지 않다.

② 낡은 책상을 (들어내고/드러내고) 새 책상을 들였다.

정답 ① 드러내는 ② 들어내고

149

70

뒤로 '젖히고' 달려야 할까?
'제치고' 달려야 할까?

5학년

노랑반 어린이, 50m 달리기 준비하세요!

긴장할 것 없어, 솔비야.

그래, 그래.

내가 가서 시원한 음료수 좀 사올게

엄마, 나 떨려!

무조건 뒤로 젖히고 달려.

맞아! 그럼 1등은 맡아 놓은 거야.

꼭 뒤로 젖히고 달려야 하는 거야?

그, 그림!

무조건 뒤로 젖히고 달려, 알았지?

노랑반 50m 달리기 나오세요.

솔비 어디 있어요? 음료수 사왔는데….

어? 나갔는데….

무조건 뒤로 젖히고 달리라고 했어. 뒤로 젖혀야 1등 하지 않겠니? 호호호.

맙소사!

아이 참! 엄마하고 이모는 왜 이렇게 달리라는 거야?

힘들어 죽겠네! 헥! 헥!

젖히다는 안쪽이 겉으로 나오게 하라는 뜻인데, 제치다라고 하셨어야죠! 끄악! 난 몰라! 어쩌죠!

서, 설마!

'젖히다'와 '제치다'를 혼동하여 사용하는 사람이 많지만 두 낱말은 전혀 다른 낱말입니다. '젖히다'는 '안쪽이 겉으로 나오게 하다'라는 뜻을 가지고 있는 낱말로 '옷을 젖히다', '나뭇가지를 뒤로 젖히다'와 같이 사용됩니다. 반면 '제치다'는 '경쟁에서 우위에 서다 또는 일을 미루다'는 뜻을 가지고 있는 낱말로, '중요하지 않은 일을 제쳐두다', '뒤로 제치고 달리다'와 같이 사용됩니다.

풀어 보세요

① 어떻게 할 일을 모두 (젖혀/제쳐) 두고 놀기만 하니?

② 우리 편이 준결승에서 상대편을 3점 차이로 쉽게 (젖혀/제쳐) 버렸다.

쳐제 ② 쳐제 ① 답정

71

깜짝 '놀랐다' 일까?
'놀랬다' 일까?

4학년

왜 담력 훈련은 꼭 한밤중에 하는 거야? 선생님들은 무섭지도 않나봐.

자, 다음 조 출발 하세요.

야, 무, 무서워! 천천히 같이 가자, 응?

괜찮아, 귀신 분장은 선생님들이 하시는 거니까 겁먹지 마.

까꿍!

으악!

꺅!

이히히히히!

분장 잘 됐네요.

근데, 국어 선생님이시져?

응?

끄아아아아악! 진짜 귀신이다!

야!

엥?

크헉!

'놀라다'와 '놀래다'는 발음과 뜻이 비슷하여 혼동하여 쓰는 경우가 많으나 두 낱말의 뜻에는 차이가 있기 때문에 구별하여 써야 합니다. 먼저 '놀라다'는 '뜻밖의 일로 가슴이 두근거리다'는 뜻을 가진 낱말이고, '놀래다'는 시킴의 뜻을 갖는 'ㅣ'가 붙어 '놀라게 만들다'는 뜻으로 사용되는 낱말입니다. 따라서 '나는 뱀을 보고 깜짝 놀랐다', '우리가 솔비를 놀래 주자'라고 써야 합니다.

풀어 보세요

① 우리는 갑자기 나타나서 아이들을 (놀라/놀래) 주었다.
② 거북이 보고 (놀란/놀랜) 가슴 솥뚜껑 보고도 (놀란다/놀랜다).

정답 ① 놀래 ② 놀란, 놀란다

72

목이 '메다'일까?
'매다'일까?

'메다'와 '매다'는 발음은 비슷하지만 뜻이 다른 낱말입니다. 먼저 '매다'는 '끈이나 줄의 끝과 끝을 풀어지지 않게 묶다'라는 뜻의 낱말로, '신발의 끈을 매다'와 같이 사용됩니다. 반면 '메다'는 '어떤 장소에 가득 차다, 어떤 감정이 북받쳐 목소리가 잘 나지 않다, 어깨에 걸치거나 올려놓다' 등의 뜻을 가지고 있는 낱말로, '목이 메어 말도 못하다', '가방을 메다' 등과 같이 쓰입니다.

풀어 보세요

① 밖에 나가려고 신발의 끈을 (매다/메다).

② 군인들이 총을 (매고/메고) 훈련을 하러 가고 있다.

정답 ① 매다 ② 메고

고개를 '젓다'일까? '젖다'일까?

4학년

솔비야, 솔비야!

우와! 웬 강아지야? 귀엽다.

응, 옆집 아줌마네 개인데 아줌마가 여행 가신다고 이틀만 맡기셨어.

엄마는 물을 받을테니 강아지 데리고 있어봐. 함께 목욕시키자.

응!

자, 멍멍아!

착하지.

'젓다'와 '젖다'는 발음이 같기 때문에 글로 쓸 때 잘못 쓰기 쉬우나 뜻이 다르기 때문에 반드시 구분하여 써야 하는 낱말입니다. '젓다'는 '액체나 가루가 고루 섞이게 흔들다, 노를 움직이다, 싫다는 뜻으로 손이나 머리를 흔들다'의 뜻으로 사용되는 낱말이고, '젖다'는 '물 때문에 축축하게 되다, 습관에 물들다'의 뜻으로 사용되는 낱말입니다. 따라서 '고개를 젓다'라고 써야 맞는 표현이 됩니다.

✏️ **풀어 보세요**

① 한바탕 운동을 하고 나면 온몸이 땀으로 (젓는다/젖는다).

② 그 아이는 말은 안 하고 고개를 설레설레 (젓기만/젖기만) 했다.

정답 ① 젖는다 ② 젓기만

157

74

'엿장수' 마음대로일까?
'엿장사' 마음대로일까?

5학년

'엿장수'와 '엿장사'는 둘 다 쓰이는 말이지만 뜻이 완전히 다른 낱말입니다. '장수'라는 말은 '물건을 파는 사람'을 뜻하며, '장사'는 '물건을 파는 행위'를 뜻합니다. 따라서 '엿장수'라고 하면 '엿을 파는 사람'을 뜻하고, '엿장사'라고 하면 '엿을 파는 행위'를 뜻합니다. 따라서 '엿장수 마음대로'로 써야 올바른 표현입니다.

✏️ **풀어 보세요**

① 저 사람은 우스꽝스러운 옷을 입고 (엿장수/엿장사)를 하고 있다.

② (엿장수/엿장사)는 어린이들에게 인기가 많다.

정답 ① 엿장사 ② 엿장수

159

'나뭇군'일까?
'나무꾼'일까?

사람들에게 '~군'을 붙여 썼던 적이 있었습니다. 그러나 지금의 맞춤법에서는 '나무꾼, 장사꾼, 재주 꾼'과 같이 '~꾼'만을 표준어로 인정하고 있습니다. 이는 실제 사람들은 '~꾼'으로 발음한다는 언어 현실을 반영했기 때문입니다. 따라서 '나뭇군'이 아니라 '나무꾼'이라고 써야 맞는 표현이 됩니다.

풀어 보세요

① 선녀와 (나뭇군/나무꾼)은 전래동화이다.

② (나뭇군/나무꾼)은 산에 가서 나무를 베어 시장에 팔던 사람을 말한다.

정답 ① 나무꾼 ② 나무꾼

'재떨이'일까?
'재털이'일까?

뻐끔 뻐끔 뻑 뻑

야! 한두 번 떨어진 것도 아닌데 궁상떨지 말고 얼른 나와서 밥 먹어!

푸~울

꺼억!

162

으이그, 내가 못살아! 허구한 날 방구석에서 담배나 태우고! 백수 티 내냐?

...

얼른 재털이나 줘! 비워 줄 테니까, 이 백수야!

챗! 백수라서 죄송하게 되었네. 그리고 하나 말해줄 게 있는데 재털이가 아니고 재떨이거든! 나는 백수라 몰라도 되겠지만 잘난 누나는 그 정도는 알아야 되는 거 아니야?

다 비웠으면 어서 재떨이 좀 주시죠. 백수의 누님! 노땅 아줌마! 똥배! 삼겹배!

여기 있다! 이 백수 동생아! 에잇!

깡

'재를 털어내는 용도의 그릇'을 뜻하는 말의 표준어는 '재떨이'입니다. '재떨이'를 '재털이'로 쓰는 사람이 많은데 이는 잘못된 표현입니다. 사실 '어떤 것에 달리거나 붙은 것을 떨어지게 하다'의 뜻으로 쓰일 때는 '재를 떨다'라고도 하고 좀더 세게 강조하여 '재를 털다'라는 표현도 맞는 것으로 인정하고 있습니다. 그러나 재를 터는 그릇을 뜻하는 말로는 '재떨이'만을 인정하고 있답니다.

풀어 보세요

① 민호야, (재떨이/재털이) 좀 가져다 주렴.

② (재떨이/재털이)와 담배는 멀리 할수록 좋다.

정답 ① 재떨이 ② 재떨이

77

'햅쌀'일까? '햇쌀'일까?

밥이 보약!

3학년

택배 왔습니다!

왜이리 많이 보내셨지.

우와아!

어머나, 세상에 햇김도 있네! 오호호호.

당분간 반찬 걱정 덜게 생겼다.

엄마, 이것 보세요.

제가 좋아하는 햇밤도 있어요.

그럼 이건 음, 햇쌀이겠구나.

아냐, 한얼아, 쌀은 햇쌀이 아니고 햅쌀이라고 해야지.

어, 왜요?

164

어? 이상하다. 햇김, 햇김치, 햇밤, 햇과일, 햇곡식이라고 하는데….

왜 쌀만 햅쌀이죠? 햇곡식이라고 하니까 햇쌀 아닌가?

글쎄… 어쨌든 쌀만큼은 햅쌀이라고 한단다.

예!

햇김에 햅쌀에… 정말 우리 농산물이 최고로 맛있는 것 같아요. 기운이 샘솟네요.

그래, 그래. 우리 것이 최고지!

호호호! 보약이 따로 없네.

올해 새로 수확한 곡식을 가리켜 '햇곡식'이라고 합니다. 이때 '햇'은 '그 해에 새로 나온'이라는 뜻을 가진 낱말로, 다른 낱말과 함께 쓰여 '햇김', '햇과일'과 같이 쓰입니다. 그렇다면 '햇쌀'과 '햅쌀'은 어떤 것이 맞는 것일까요? '올해 새로 나온 쌀'을 뜻하는 낱말은 '햅쌀'이 맞습니다. '쌀'이라는 낱말에 한하여서는 불규칙적으로 '햅쌀'이라고 사용된답니다.

풀어 보세요

① 추석에는 (햅쌀/햇쌀)로 밥을 지어 차례를 지낸다.
② (햅쌀/햇쌀)이 나오는 시기는 가을이다.

정답 ① 햅쌀 ② 햅쌀

78

'생신 축하합니다'일까?
'생신 축하드립니다'일까?

3학년

생신 축하합니다!
생신 축하합니다!

사랑하는 할아버지,
생신 축하합니다!

뜨헉!

흥!

하, 할아버지, 저희가
뭘 잘못했습니까?

이런!

그걸 꼭 내 입으로
말해야 알겠어?
치사하게!

내가 나이를 많이 먹었다고 무시하는 거야, 뭐야? 그런 게 아니면 어찌 이럴 수 있어?

…

생신 축하 합니다라니? 생신 축하드립니다라고 해야지! 그래, 안 그래?

증조할아버지를 무시해서 그런게 아니에요. 축하라는 건 선물처럼 드릴 수 있는 게 아니기 때문에 생신 축하 합니다가 맞는 거예요. 선물 이라면 당연히 선물 드립니다라고 하죠.

…

끝까지 자존심은 지키시네. 역시 우리 증조할아버지는 대단하셔.

훅! 이제 됐냐, 됐어?

'축하드립니다', '감사드립니다'는 우리 생활 속에서 자주 쓰이는 표현입니다. 그러나 여기에서 '드리다'는 '말씀드립니다', '선물을 드립니다'와 같이 무언가를 실제 전할 수 있을 때는 맞는 표현이지만, '축하'와 '감사'처럼 실체가 없어서 드릴 수 없는 경우에는 사용하지 말아야 합니다. 따라서 말씀 드리는 대상이 어른이라고 하더라도 '축하합니다', '감사합니다'로 말하는 것이 올바른 표현입니다.

✏️ **풀어 보세요**

① 이번에 좋은 일이 있었다니 (축하합니다/축하드립니다).

② 선생님, (축하합니다/축하드립니다).

정답 ① 축하합니다 ② 축하합니다

79

6월은 '육월'일까? '유월'일까?

호호호! 자, 잠깐만… 잠깐만!

클릭, 클릭!

어딨지?

바쁘다!

호호, 많이 기다렸지.

육월보다는 유월이, 십월보다는 시월이 더 매끄럽게 발음되기 때문에 그렇게 정한 거란다. 이해되니?

그건 그렇고. 엄마, 하루, 이틀, 삼일… 하잖아.

그런데 숫자대로 세면 일틀, 이틀, 삼틀, 사틀해야 하는 것 아냐?

기다려 봐!

한 해의 달을 나타내는 말을 할 때 '일월, 이월, 삼월, 사월' 등은 쉽고 바르게 읽지만, 6월과 10월은 유독 틀린 발음으로 말하는 사람이 많습니다. '6월'은 '육월'이 아니라 '유월'이라고 해야 하며, '10월'은 '십월'이 아니라 '시월'이라고 해야 합니다. 이는 육월보다는 유월이, 십월보다는 시월이 더 매끄럽게 발음된다는 원칙에 의해 정해진 것입니다.

풀어 보세요

① 내 생일이 있어서인지 10월(십월/시월)이 기다려진다.

② 6월(육월/유월)이 되면 청포도가 익어갈 것이다.

정답 ① 시월 ② 유월

80

김치를 '담다'일까?
'담그다'일까?

담다?

4학년

여보, 오늘 반찬은 맛있는 김치예요. 호호호~

김치를 담그려면 우선 배추를 사서….

배추를… 배추를?

뭐더라?

뭐지?

아! 여기있다!

요리 백과

여보, 김치는 이렇게 담그면 아주 맛있대요. 마저 읽을 테니까 잘 들어보세요.

요리백과

여러분도 맛있는 김치를 담가서 예쁜 접시에 담아보세요. 그럼 사랑받는 아내가 될 수 있을 거예요.

…

요리백과

'담다'와 '담그다'는 뜻이 다른데도 일상적인 대화 속에서 혼용하여 사용하고 있는 경우가 많습니다. '담다'는 '어떤 물건을 그릇이나 부대 안에 넣다'라는 뜻이고, '담그다'는 '액체 속에 넣다, 술, 간장, 김치 등을 익거나 삭게 하려고 재료와 함께 그릇에 넣다'라는 의미로 사용됩니다. 따라서 재료와 함께 김치를 만든다는 뜻으로 쓰였기 때문에 '김치를 담그다'로 사용해야 합니다.

풀어 보세요

① 우리 집은 김치를 직접 (담아/담가) 먹는다.
② 김치를 그릇에 예쁘게 (담으면/담그면) 훨씬 맛있어 보인다.

정답 ① 담가 ② 담으면

171

81

그럼 '안 돼'일까?
그럼 '안 뒈'일까?

'일이 되어 가다'와 같이 '되다'는 일상생활에서 가장 많이 쓰이는 낱말 중 하나입니다. '되다'는 '되니, 되어서, 되어야'처럼 혼자 쓰이지 못하고 항상 활용 형태로 쓰입니다. 이 중에서 '되어'는 줄여서 '돼'로도 쓰이는데 '돼'의 경우는 '안 돼'처럼 혼자서도 쓰일 수 있습니다. 문장 속에서 '되'와 '돼' 중 무엇을 써야 할지 헷갈릴 때에는 '돼'의 본디말인 '되어'를 넣어 말이 된다면 '돼'로 쓰면 됩니다.

✏️ 풀어 보세요

① 나도 중국으로 가게 (됬어/됐어).

② 그렇게 하면 안 (되/돼).

정답 ① 됐어 ② 돼

173

'금새' 끝나는 것일까?
'금세' 끝나는 것일까?

4학년

고! 고!

오케이!

좋아! 좋아!

엄마, 가스레인지에서 뭐가 막 끓어!

어, 그거 빨래 삶느라고 해놓은 거야. 이거 금새 끝나니까 기다려 봐.

가만, 금새 끝나는 게 맞는 걸까?

아니면 금세 끝나는 게 맞는 걸까?

어디 한번 찾아볼까? 금새인지 금세인지….

응, 어디 보자. 어? 여기 있구나.

클릭! 클릭!

탁! 탁!

호호호. 지금 바로 끝난다는 뜻으로 쓰는 말은 금세라는구나. 그러니까 엄마 금세 끝나니까 조금만 기다려봐, 알았지?

기다리기엔 너무 늦은 것 같아, 엄마.

뭐가 늦었다는 거야? 도대체 무슨 소리야?

허걱!

꺅! 어떡해! 뚜껑 덮는 걸 깜빡했어!

'금새'와 '금세'는 발음이 비슷해 혼동하여 쓰는 사람이 많지만 전혀 다른 뜻의 낱말입니다. 먼저 '금세'는 '금시에'가 줄어든 말로, '지금 바로'라는 뜻의 낱말입니다. 그러나 '금새'는 '물건의 비싸고 싼 정도'를 뜻하는 전혀 다른 낱말이기 때문에 반드시 구분하여 써야 합니다. 따라서 지금 바로 끝난다는 뜻으로 쓰였다면 '금세 끝나'로 써야 올바른 표현이 됩니다.

풀어 보세요

① 어떤 물건의 시세나 값이 얼마인지 정할 때 '(금새/금세)를 치다'라고 한다.
② 약을 먹자마자 (금새/금세) 열이 내렸다.

세금 ② 새금 ① **답정**

83

실수를 '깨쳤다'일까?
'깨우쳤다'일까?

'깨치다'와 '깨우치다'는 뜻에 다소 차이가 있기 때문에 상황에 따라 구분하여 써야 합니다. 먼저 '깨치다'는 '깨닫다, 일의 이치를 알게 되다'라는 뜻의 낱말로, '한글을 깨치다', '잘못을 깨치다'와 같이 사용할 수 있습니다. 반면 '깨우치다'는 '깨치다'에 시킴의 뜻을 가진 '우'가 들어가 '깨닫게 하다, 깨달아 알게 하다'라는 뜻이 됩니다. 따라서 내가 나의 실수를 깨달은 것이므로 '깨쳤다'라고 써야 합니다.

풀어 보세요

① 아버지는 말씀을 통해 재현이의 잘못된 생각을 (깨치셨다/깨우치셨다).

② 정윤이는 이제야 나눗셈의 원리를 (깨쳤다/깨우쳤다).

정답 ① 깨우치셨다 ② 깨쳤다

공부도 '앓고'일까? '안고'일까?

2학년

할아버지는 피노키오에게 말했습니다. '공부도 앓고 어디 가니? 피노키오야.'

공부도 앓고? 앓고? 웬 앓고? 안고 아닌가?

이상하네, 이상해.

우리 공주님, 또 뭔가 궁금한 게 생겼구나.

어, 어떻게 알았어, 엄마?

호호호! 엄마는 우리 공주가 무슨 생각하는지 다 알고 있지.

제발 쉬운 것으로 질문해 주렴, 부탁이야.

여기에 보면 할아버지가 '공부도 않고 어디 가니? 피노키오야.'라고 하는데 공부도 안고가 맞는 것 아니야?

'안'은 '아니'로, '않'은 '아니하다'로 바꿔 써서 문장의 뜻이 통한다면 해당하는 말로 바꿔 써도 된대.

자, 이제 궁금한 거 다 알았으니 이제 이 닦고 자야죠, 공주님!

!

싫어!

나 그거 안 할래.

우리 공주님은 가르쳐 주면 바로 바로 써먹고. 에구, 똑똑해라!

악! 할게요, 할게!

'안'과 '않'은 혼동하여 쓰기 쉬운 낱말입니다. 이 중 '안'은 '아니'의 준말 형태로, 부정이나 반대의 뜻을 가지고 있으며, '않'은 '어떤 일을 하지 아니하다'의 뜻을 갖는 '않다'라는 낱말의 어근에 해당하는 말입니다. 대개 문장에서 '안'과 '않' 중에서 무엇을 써야 할지 헷갈릴 때에는 '안'은 '아니'로, '않'은 '아니하다'로 바꾸어 문장의 뜻이 통한다면 해당하는 말을 사용하면 됩니다.

풀어 보세요

① 공부도 (안고/않고) 어디 가니?

② 나 그거 (안/않) 할래.

고뇐 ② 고않 ① 음당

85

무언가를 잘 '만듦'일까? '만듬'일까?

5학년

휴~ 삶이 허무하다. 거리에 나와 봤지만 거슬리는 것들이 눈에 자꾸 들어온다.

즉석도장
도장 잘 만듬

정말 거슬리는 게 많다.

앞으로는 이렇게 써 놓으셔야 합니다.

즉석도장
도장 잘 만듦

?

학교에는 거슬리는 것이 없겠지? 그리고 내 삶에 대해서도 알 수 있겠지? 그러나…

학교라면 …

학교에도 거슬리는 것이 있었다.

김순희
국어시간에
떠듬
- 장진배

…

1
3
4

아, 허무하다.
누가 나에게 삶이
무언지 가르쳐
주었으면 좋겠다.

어, 드디어 찾았다!

역시 삶은 달걀이야!

이 맛!

목이 멜
텐데…

사이다
좀 마셔.

삶은 달걀

'살다'에 'ㅁ'이 붙어 '삶'이라는 낱말이 되듯이 '날다'에 'ㅁ'이 붙으면 '낢'이라는 낱말이 됩니다. 이와 같이 서술어의 형태로 쓰이는 낱말을 주어나 목적어처럼 쓰이도록 도와주는 'ㅁ'과 같은 말을 '명사형 어미'라고 합니다. 따라서 '떠들다'에 명사형 어미인 'ㅁ'이 붙으면 '떠듦'이 되고, '만들다'에 명사형 어미인 'ㅁ'이 붙으면 '만듦'이 됩니다.

풀어 보세요

① 수현이가 음악 시간에 (떠듬/ 떠듦).

② 미술 시간에 찰흙으로 작품을 잘 (만듬/ 만듦).

정답 ① 떠듦 ② 만듦

181

86

'빨간색'일까?
'빨강색'일까?

3학년

♬~

자, 이제 빨간색으로 마무리를….

어? 빨간색이 다 떨어졌잖아. 힝!

엄마, 빨간색이 없어. 어쩌지? 지금 꼭 그려야 할 게 있는데…

빨간색이 없다고? 응, 그럼 비슷한 색으로 쓰면 안될까?

'빨강'과 '빨간'은 모두 '빨갛다'라는 말에서 비롯된 낱말입니다. 먼저 '빨강'은 '빨간 빛깔이나 빨간 물감'을 뜻하는 하나의 낱말이고, '빨간'은 '빨갛다'의 활용형 중 하나로 다른 낱말을 꾸며줄 때 쓰입니다. 흔히, '빨강', '빨강색', '빨간색' 등이 함께 쓰이고 있는데, 이 중 '빨강색'은 틀린 표현으로 '빨강' 또는 '빨간색'으로 쓰는 것이 올바른 표현입니다.

풀어 보세요

① 나는 색 중에서 (빨강/빨강색)이 가장 좋다.

② 나는 단풍잎을 (빨강색/빨간색)으로 칠하였다.

정답 ① 빨강 ② 빨간색

87

자장면 '곱배기'일까? '곱빼기'일까?

3학년

얼마나 근사한 곳에 가서 사주려고 그렇게 빼입고 가는 거야?

그냥 조용히 따라오면 곧 알게 될 거야.

어, 다 왔다.

짜잔!

진짜루

자, 우리 여기서 우아하게 먹어 보자. 뭐해? 들어가자.

하아!

…?

자아~ 이제 우아하게 식사를 시작해 볼까? 뭐 먹을 거니, 골라 봐.

웬 우아? 됐어. 난 자장면 곱빼기 먹을래.

오우~ 이런, 이런! 무식하게 곱빼기가 뭐야? 곱배기라고 해야지.

곱빼기는 같은 수량을 몇 번 합치는 것을 뜻하는 곱에 빼기라는 말이 붙어서 이루어진 표준어예요. 그래서 곱빼기란 말이 맞는 것이지요.

아시겠어요, 우아하신 외삼촌?

그래, 너 잘났다! 곱빼기든 곱배기든 많이 먹어!

'두 배의 음식을 한 그릇에 담은 양'을 가리켜 '곱빼기'라고 합니다. 그런데 이를 가리켜 많은 사람들이 '곱배기'라고 잘못 사용하고 있습니다. 이는 '곱빼기'를 '곱배기'의 거친 표현이라고 오해하기 때문인 것으로 보입니다. 그러나 '곱빼기'는 '같은 수량을 몇 번 합치는 것'을 뜻하는 '곱'에 '빼기'라는 말이 붙어서 이루어진 표준어입니다. 따라서 '자장면 곱빼기'와 같이 써야 맞춤법에 맞습니다.

풀어 보세요

① 배가 너무 고파서 음식을 (곱배기/곱빼기)로 시켰다.
② 일이 자꾸 겹치다 보니 부담이 (곱배기/곱빼기)가 되었다.

① 곱빼기 ② 곱빼기

88

사과는 '껍질채' 먹을까?
'껍질째' 먹을까?

6학년

드디어 완성 했어! 드디어! 하하하!

이 약을 만들기 위해 얼마나 많은 노력과 정성을 들였는지 아무도 모를 거야. 후후후후!

나? 백설공주 계모왕비!

이 독약을 사과에 발라놓으면…. 호호호! 그럼 이 세상에서 내가 제일 예쁜 사람이 되겠지.

오호호호! 생각만 해도 너무너무 신난다!

킥킥킥! 저기가 백설 공주가 사는 집이렷다.

어머, 먹음직스런 사과네. 얼마예요?

아가씨가 너무 예쁘네요. 내가 그냥 하나 줄게, 먹어 봐요.

정말요? 그럼 먹겠습니다!

사과는 껍질째 먹어야 좋죠. 깍아서 먹으면, 먹으나 마나야!

껍질째 먹어야 피부도 좋아지고, 또, 건강에도 좋고 음, 또….

어서 껍질째 먹어! 거기에 독을 발라놨단 말이야!

아!

할머니, 요새 누가 껍질째 먹어요? 껍질에 농약이 얼마나 많이 묻어 있는데….

크아악! 안 돼!

일상생활에서 '채'와 '째'를 혼동하여 쓰는 경우가 많습니다. 먼저 '채'의 경우 '이미 있는 상태 그대로'의 뜻으로 쓰이면 '밥을 입에 문 채로'의 예처럼 띄어 쓰고, '사랑채', '안채'처럼 집과 관련된 낱말과 쓸 때에는 붙여 씁니다. 반면 '째'는 '그릇째 엎어버렸다'와 같이 '그대로, 전부'의 뜻으로 쓰이거나 '사흘째 아프다', '첫째로 하다'와 같이 '계속되는 동안, 차례'의 뜻으로 쓰이며 앞말과 붙여 써야 합니다.

풀어 보세요

① 땅 위를 기어 다니던 뱀을 산 (채/째)로 잡았다.

② 그는 커다란 귤을 (통채/통째)로 먹어 버렸다.

정답 ① 채 ② 통째

89

'사과할께'일까?
'사과할게'일까?

4학년

나왔어, 여보, 한얼아!

어머, 오셨어요?

다녀 오셨어요!

전 방에 들어갈게요. 저녁은 안 먹을 테니까 저 부르지 마세요.

왜 저래?

그냥 놔둬요.

같은 반 친구하고 이틀 전에 싸웠다고 하더니만 그때부터 계속 저렇게 침울해 있어요.

그래? 참….

치사한 자식, 자기가 먼저 화냈으면서 사과 좀 먼저 하면 어디가 덧나? 에잇! 모르겠다. 컴퓨터나 하자.

메일부터 확인해보자.

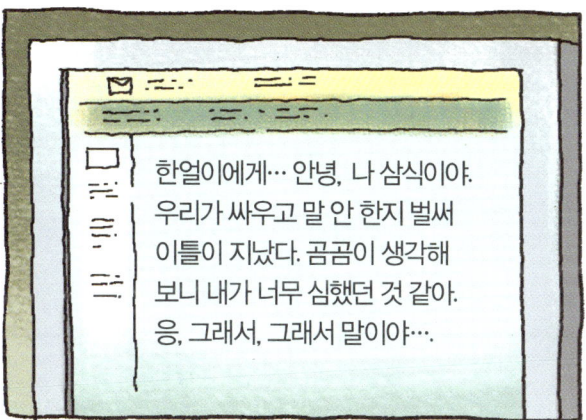

우리말은 말할 때에는 된소리가 나지만 적을 때에는 예사소리로 적는 경우가 많습니다. '내가 할게'의 경우도 마찬가지여서 [할께]로 소리나지만 적을 때에는 '할게'로 적습니다. '부탁할게요', '부탁할걸' 역시 [~께요], [~껄]로 소리나지만 '~게요'와 '~걸'로 적습니다. 이처럼 대부분이 된소리가 아닌 말로 적지만 '이 일을 어찌할까?', '어찌할꼬?'와 같이 묻는 문장에서는 된소리로 적도록 하고 있습니다.

풀어 보세요

① 이 일은 내가 해 (볼게/볼께).

② 내가 한 말을 인성이가 다 알아버렸으니 이 일을 (어찌할가/어찌할까)?

정답 ① 볼게 ② 어찌할까

189

90

삼촌은 '삐친' 걸까?
'삐진' 걸까?

오랜만에 김밥 먹으니까 진짜 맛있다.

맞아, 정말 환상적인 맛이야.

헉! 마, 마지막!

!

냠냠!

어, 외삼촌? 내가 마지막 김밥을 먹어서 화난 거야?

에이, 외삼촌, 화내지 마.
김밥 하나 때문에 삐치니…
내가 엄마한테 더 달라고
말씀드릴게. 헤헤!

크하하핫!

푸하하하핫!
삐졌다고 해야지!
삐쳤다니…

우하하하하!
바보 같으니라고!

외삼촌도 참… 마음이 토라진
상태를 말할 때는 삐치다라고
하는게 맞는 거야.

외삼촌이
더 바보~!

그래, 무식하고 못난 외삼촌이
미안하다. 진짜 삐침이야!

'너 삐졌지?', '그런 걸 가지고 삐지다니'와 같이 우리는 '성이 나서 마음이 토라진 상태'를 가리킬 때 '삐지다'를 많이 사용합니다. 그러나 '삐지다'는 '칼 따위로 얇고 비스듬하게 잘라 내다'라는 전혀 다른 뜻을 가지고 있는 낱말입니다. 따라서 '성이 나서 마음이 토라진 상태'라는 뜻으로 사용하려면 '삐치다'를 사용해야 올바른 표현이 됩니다.

풀어 보세요

① 고깃국에 들어가는 무는 (삐져/삐쳐) 넣어야 맛있다.
② 장난친 건데 (삐지다니/삐치다니) 너답지 않다.

정답 ① 삐져 ② 삐치다니